父母的情绪
影响孩子的一生

华小克　编著

中国华侨出版社

图书在版编目（CIP）数据

父母的情绪影响孩子的一生 / 华小克编著. —北京：中国华侨出版社，2017.5

ISBN 978-7-5113-6786-0

Ⅰ.①父… Ⅱ.①华… Ⅲ.①家庭教育—教育心理学 Ⅳ.①G780

中国版本图书馆 CIP 数据核字（2017）第 091746 号

父母的情绪影响孩子的一生

编　　著／华小克
策划编辑／周耿茜
责任编辑／文　蕾
责任校对／高晓华
封面设计／一个人设计
经　　销／新华书店
开　　本／710 毫米×1000 毫米　1/16　印张／15　字数／169 千字
印　　刷／北京毅峰迅捷印刷有限公司
版　　次／2017 年 7 月第 1 版　2017 年 7 月第 1 次印刷
书　　号／ISBN 978-7-5113-6786-0
定　　价／36.00 元

中国华侨出版社　北京市朝阳区静安里 26 号通成达大厦 3 层　邮编：100028
法律顾问：陈鹰律师事务所
编辑部：(010) 64443056　64443979
发行部：(010) 64443051　传真：(010) 64439708
网　　址：www.oveaschin.com
E-mail：oveaschin@sina.com

前言
管理好情绪,为孩子的成长播洒阳光雨露

父母坚实的臂膀是孩子依靠的大山,"山上"的果实孩子可以享用一生。

父母美好的心灵是孩子飞翔的天空,"天空"的美景孩子会牢记终生。

父母无私的给予和孩子真诚的回馈,汇成一首优美而高亢的歌,在彼此的心中久久回响。

然而,父母美好的憧憬、孩子金榜题名的欣喜,都依凭父母精心营造的其乐融融的家庭氛围。在孩子成长的每个日子,父母保持阳光心态、孩子始终快乐成长,这是家庭生活幸福、孩子取得优异成绩的重要基础。如果这个基础不牢固,孩子所依靠的大山倒了,就会成为精神的漂泊者;孩子飞翔的天空灰暗了,就找不到人生的方向。如此一来,父母愁苦、悲伤、失败的感觉就会伴随着整个后半生。

孩子是家庭这块沃土上的小树,父母为孩子打理生活是在给

小树浇水施肥。但是，许多父母并不清楚情绪好、善施教，同样是在给小树播洒阳光雨露，为孩子的成长提供必不可少的养料。换言之，父母把工作中和因意外事件产生的烦恼带回家，看到孩子做事稍不顺心，就把情绪的急风暴雨砸了过去，使孩子幼小的心灵受到伤害、精神遭到打击，也许大人不觉得这是多么大的事情，但在孩子看来却是天大的问题：眼前的世界塌陷了，父母不爱他了，他要到哪里去寻找属于自己的一片天地？他无处可躲、无处可逃，只能把压抑和痛苦都统统打包吞咽下去。孩子的心有了不能承受之重，成长的路上再也迈不动步了，更看不到美好的未来在哪里。此时，情绪焦灼的父母还不知道改变自己，为孩子打开减负卸压的旋钮，家庭教育的悲剧就在所难免了。

前苏联教育家苏霍姆林斯基说："我们要像对待荷叶上的露珠一样小心翼翼地保护儿童的心灵。"家庭中的"露珠"需要父母时时刻刻控制自己的不良情绪，无论孩子做出怎样有违常理的事，父母都不要出言过快、出手过重，时刻顾及可能产生的严重后果。

拿破仑曾说，"能控制好自己情绪的人，比能拿下一座城池的将军更伟大。"每一个想给孩子最好引导、最好教育、最好帮助的父母，都应学习情绪管理知识，明确认识自身情绪特点，通过协调和控制自己的情绪，充分挖掘情绪智商、培养驾驭情绪的能力，在面对孩子时，能做到以积极情绪对待孩子的问题，无论孩子的成绩好不好，都不让负面情绪主导自身行为。总能做到与孩子互敞心扉、互论事理，始终进行有效的交流和沟通。

本书通过具体案例与心理学原理相结合的方式，帮助父母在培养孩子时注意体察自己的情绪，适当表达自己的情绪，及时调节自己的情绪，同时能够准确识别孩子的情绪，引导孩子走出情绪困境，通过给孩子施以积极的情绪影响，解决成长过程中遇到的各种问题。

如果孩子在成长阶段遭遇的荆棘不能及时清除，父母在家庭生活中又施以很多负面影响，孩子就不能拥有阳光心态，而在小时候没有阳光心态的人，长大后就不具备较高的智商和情商，也不可能成为事业上的成功者。

21世纪的人类社会已经进入了人才辈出的时代，无论哪行哪业的成功者，都需要智商、情商很高的人。为了培养人才，为了孩子的学习和生活以及毕生的成就，父母必须控制自己的情绪，这一点应该得到足够的重视。

好情绪是精灵，坏情绪是魔鬼。父母做情绪控制的高手，会把魔鬼变成精灵；父母做情绪控制的败将，会把精灵变成魔鬼。为了孩子拥有美好的未来，父母在情绪管理上要做出何种选择，是件明者自明的事，无须赘言。

相信本书在启发父母的心智后，会以一衣带水的方式为孩子打开心灵之窗，让我们看到培养优秀人才的过程并非时长梦远，而是在父母的日日期盼中，自然而然地瓜熟蒂落，硕果喜人。

华小克
2016－11－28

目录
Contents

001 第一章
控制情绪，别让"爱之切"转为疾言厉色

父母学会情绪选择，孩子拥有美好未来 / 002

孩子玩兴正浓时，父母要心气两顺 / 005

善于把"命令"转化为平心静气的劝导 / 009

孩子"对着干"时，父母的思维要拐个弯 / 012

别为成绩动肝火，要知道问题出在哪里 / 016

父母情绪焦灼，也不要攻击孩子的人格 / 019

023 第二章
爱有分寸：宽与严要做到恰到好处

妈妈心情放松，孩子呼吸自由的空气 / 024
给孩子留下空间，他才能自由飞翔 / 027
不溺爱，"我能行"的孩子新鲜出炉 / 030
纠正男孩子的攻击意识，要有理有节 / 034
给男孩子的零用钱，益少不益多 / 037
别把情绪的狂风暴雨，砸向成绩波动的女孩 / 041

045 第三章
放下面子，给孩子实实在在的引导和帮助

孩子不是"招牌"，父母要就实避虚 / 046
摆脱"面子控"，关爱使孩子脱颖而出 / 049
不要拿自己的孩子与别的孩子比来比去 / 052
向孩子道歉，给他一份勇气面对自己 / 054
用积极的心态帮助成绩不好的孩子 / 057
"被炫耀"时，不要迁怒于自己的孩子 / 061

065 第四章
擅长沟通,父母的话说到孩子的心里去

把握孩子的思维方式,沟通变得融洽而美好 / 066
以兴趣盎然的姿态倾听孩子的喜怒哀乐 / 069
让孩子敞开心怀和你聊聊身边事 / 072
递几个词给孩子,搭起当众讲话的梯子 / 076
婉转地将道理说给孩子,会更听得进去 / 079
读懂孩子的情绪,帮他排除心里的烦恼 / 083

087 第五章
战胜拖延,孩子的学习生活快乐而高效

孩子学习不拖延,如同勒住时间这匹快马的缰绳 / 088
要想孩子做事"不拖延",要从"定时喂养"开始 / 092
早睡早起,从幼儿时期养成不赖床的好习惯 / 096
避免"拖延"有甜头可尝,孩子才能做事高效 / 099
让孩子心无顾虑,做作业时才不会拖拖拉拉 / 103
引导青春期孩子,走出用"拖延"联结友谊的误区 / 108

113 第六章
善于纠错：肯定与批评兼用效果好

孩子行为跑偏，用赞美优点把他拉回来 / 114

想纠错，先转化孩子的负面情绪 / 117

善于启发引导，孩子总有承认错误的那一天 / 120

先肯定长处，再给孩子纠错效果好 / 124

静下心来，给孩子申诉的机会 / 127

勤思考，做最懂惩罚艺术的父母 / 131

135 第七章
懂得欣赏：以孩子的视角看身边事

以孩子的眼光，选择自主方向 / 136

孩子想争辩，父母说话要降降调 / 139

随便拿钱奖励，不如激发向上精神 / 143

放下家长的架子，与孩子平等交流 / 146

不要放走表扬孩子的最佳时机 / 148

过度表扬，会使孩子的行为动机走偏 / 152

157 第八章
不急不慌,培养孩子需要慢工细活

做了解孩子真实意图的耐心父母 / 158

等一等,别急着向孩子打开灌输知识的闸门 / 162

情绪释放有度,给孩子更多的尊重 / 165

与孩子的想法撞车,父母要主动让一让 / 168

回答在当下,保护孩子的求知欲 / 171

深刻领悟"教育是缓慢而优雅的过程" / 174

179 第九章
戒骄戒躁,帮成绩好的孩子拓展思维格局

做最聪明的父母,"优等生"会更优秀 / 180

孩子骄傲自满,父母要进行"冷处理" / 185

挫折教育,让孩子在舒适的生活中经受风雨 / 189

对成绩突出的孩子,父母更应关注他的心理健康 / 193

打开视野,消融孩子的自负心理 / 197

警惕成绩好的孩子发生"自我统合危机" / 201

205 | 第十章
循循善诱，为孩子播种成功者的基因

仔细观察，用敏锐的目光捕捉孩子的天赋 / 206

积极的心理暗示，打开孩子的成功之门 / 210

一切皆有可能，培养孩子做个雄心勃勃的人 / 214

教孩子妥善处理人际关系，具备成功者的基本素质 / 216

克服恐惧，培养孩子做个有胆有识的强者 / 220

用理性的智慧确认孩子的发展方向 / 224

第一章
控制情绪,别让"爱之切"转为疾言厉色

坏情绪是魔鬼,好情绪是精灵。当父母的思想意识由魔鬼主宰,语言的急风暴雨就会砸向孩子,使孩子幼小的心灵受到伤害。如果这种狂风暴雨频频袭扰,孩子的心灵就会被打得七零八落,自卑、颓废、叛逆的行为接踵而来。如果美丽的精灵穿越在父母和孩子的交流中,家庭气氛就会其乐融融,孩子能健康快乐地成长,父母的生活怡然自得。为了孩子拥有美好的未来,父母要不断驱赶经常现身的魔鬼,让美丽的精灵常驻心头。

父母学会情绪选择,孩子拥有美好未来

情绪作为外界事物对人产生的一种心理反应,时刻伴随着每一个人。不同时间有不同的情绪状态,不同场景有不同的情绪反射。

在家庭生活中,父母的情绪好能让孩子感到愉快、自信,是促使孩子进步的助推器;父母的情绪不好,会让孩子感到郁闷、自卑,是促使孩子消沉、学业止步不前的导火线。父母善于掌控自己的情绪,就能管理好自己的心境,与孩子之间保持良好的互动关系。这就对父母的情绪控制能力提出了很高的要求,在面对孩子成长中的许多问题时,要做出对情绪的一种选择,也就是很好地抑制不良情绪,对因不良情绪给孩子带来的负面影响,能及时地给予纠正并转化为正确行为的导向。

身为父母要尽量做到,一直能用积极的、带有正能量的情绪教育孩子。也只有这样,才能在面对孩子教育难题时掌握主动权,变不利为有利,从而更大限度地激发孩子的潜能。

第一章
控制情绪，别让"爱之切"转为疾言厉色

暑假快到了，幼儿园要举办特长培训班，爸爸问女儿鑫睿："你上舞蹈班，还是上电子琴班？"女儿兴冲冲地说："我上电子琴班。"爸爸听了很高兴，马上去省城买了一架电子琴。

一天晚上，爸爸问鑫睿在电子琴班都学了什么，她指了指电子琴教程上的五线谱，不敢吭声。因为她认不出五线谱上的"1、2、3、4、5、6、7"。爸爸开始给她辅导，做示范，她似乎是听懂了，在不断地点头。可当爸爸让鑫睿自己弹一遍音符时，她还是弹得乱七八糟。爸爸生气地吼道："你怎么这么笨！"扬手打了她一巴掌，鑫睿哭了起来。

不久，幼儿园大班开设珠算课，鑫睿还是跟不上，爸爸仍然要给她辅导。当他问话时，鑫睿不敢大声回答，甚至不敢看爸爸一眼。见女儿如此胆怯，爸爸平心静气地问："鑫睿，你怎么老学不会？"她眼泪汪汪地说："爸，我笨。"

鑫睿的这句话好似五雷轰顶，把爸爸惊住了："她小小年纪怎么会对自己下这样的断言？"这天夜里，爸爸躺在床上辗转反侧，对自己的所作所为进行了反思："是不是我对女儿的说话方式有问题？接二连三的训斥已经让她产生了严重的自卑感。"第二天早晨起床后，他忙问鑫睿："在学前班里，你有不会的地方问不问老师？"鑫睿摇摇头。"你为什么不问呢？"她回答说："害怕老师说我笨。"爸爸的猜测得到了证实，果然是由于自己的简单粗暴，给女儿幼小的心灵留下了创伤。从这以后，爸爸决心采取措施让女儿丢弃"我笨"的念头。

父母的
情绪影响孩子的一生

晚上，爸爸给鑫睿辅导功课。这一次，他没有急于检查白天的学习内容，而是先给她讲了爱迪生的故事。他说："爱迪生小时候爱提问题，被老师认为是世界上最笨的人，并且把他撵出了校门。可是他的妈妈却不这样看，细心地教爱迪生学习。爱迪生长大后成了世界闻名的大发明家。"讲完爱迪生的故事后，爸爸问鑫睿："爱迪生笨吗？"她说："不笨。"爸爸接着说："对，爱迪生不笨，他是非常聪明的人，说他笨是老师不对。"接着爸爸话锋一转，对女儿说："鑫鑫，你笨吗？你也不笨。爸爸说你笨，那是气话。爸爸如同那个犯错误的老师，希望你不要当真。从今后，爸爸要做爱迪生妈妈那样的'好老师'。"听了爸爸的话，鑫睿如释重负地笑了。

从此以后，爸爸对鑫睿循循善诱、寓教于乐，鑫睿也一天天变得活泼开朗，有什么不懂的地方也能主动提问。上了高中以后，鑫睿厚积薄发，成绩冲到了年级的前二十名，高中还未毕业就通过了北京大学自主招生考试，被国际关系学院录取。她的爸爸也经常被鑫睿的母校请去介绍家教经验。

情绪决定心境，父母拥有乐观的心境，能成就孩子积极向上的人生；父母拥有悲观的心境，孩子容易形成阴郁的性情，影响学业的进步和事业的成功。父母创造家庭的良好氛围，就如同为小苗提供茁壮成长的阳光雨露，孩子会在成长的过程中一路高歌猛进，成为同龄人中的佼佼者。

情绪是一个喜欢调皮捣蛋的精灵。当父母能很好地控制它时，家庭的天空会晴朗无云，与孩子的关系自然其乐融融；当父母任它自由放任时，它就会为家庭制造出无数的麻烦，与孩子的关系就会处处生变。父母要控制好这个精灵，让自己的言行不被它所左右，而不能让它控制自己的言行。为了孩子能拥有一个美好的未来，父母一定要做情绪的主人。

> 做父母的教育小孩子，应当以"循循善诱"为依归，不应当以力迫威胁为能事。
>
> ——陈鹤琴

孩子玩兴正浓时，父母要心气两顺

父母的情绪急缓得当，说话时分寸拿捏得准确，才能产生良好的家庭教育，有了良好的教育，才能培育品学兼优的好儿女。身兼培育孩子重任的父母，一定要注意控制自己的情绪。但是，在很多家庭中都发生过这样的情景："啪啪"的两巴掌扇下，孩子的屁股被打红了，哇哇的哭声仿佛要刺破屋顶。发生了什么事呢？无须大惊小怪。孩子弄坏了家里的贵重物品，如精美的花瓶被孩子不小心摔碎了，或者是妈妈喜爱的昂贵项链被孩子当玩具玩时扯断了……诸如此类"严重事件"发生在家里，脾气火暴的

父母的
情绪影响孩子的一生

妈妈,就这样毫不犹豫地出手了。

事实上,许多父母只看到孩子弄坏东西的表面现象,没有发现孩子探索未知事物的好奇心。孩子如果弄坏的东西越贵重,父母的火气越大,对孩子的惩处也就越严重,对孩子造成的心灵伤害也越大,不仅打击了孩子的好奇心,也扼杀了他们探索未知世界的渴望。父母如能冷静地想一想,物品已经损坏,责怪、打骂孩子也不能使其复原。最好的办法是,问清孩子做这件事的前因后果,讲清楚孩子想弄明白的道理,告诉他不要弄坏东西的重要性。如果孩子确实在某个方面有浓厚的兴趣,父母不但不能阻止,还要多为孩子创造条件。

陈由伟小的时候是个特别淘气的孩子,他总是拿着彩笔在家里的墙上到处乱画。可他的爸爸从来不生气,认为那是儿子在动脑筋,劝陈由伟的妈妈不要管他:"男孩子嘛,爱动手是件好事儿。这样的孩子,脑子灵活。"得到爸爸的鼓励小由伟更来劲了,想怎么玩就怎么玩。家里有个超大的计算器,小由伟经常好奇地按来按去,目不转睛地瞧着上面不断跳出来的数字。他的小脑袋瓜子很好奇:"这东西怎么能跳出数字呢?"他很想弄个究竟,把按键一个个"挖"出来,看看里面到底有什么样的机关。那个年代,计算机还是稀罕的物品,妈妈见状大惊失色,很想上前阻止他,但见小由伟的爸爸站在一旁欣赏着儿子的举动,妈妈也就没说什么。小由伟把按键挖出来了,摆弄了一阵子也没弄明白是怎么回事,有些不耐烦了。这时爸爸就简单地讲解了计算机的运算

第一章
控制情绪，别让"爱之切"转为疾言厉色

原理，一边讲一边把按键再重新装好。

孩子的好奇心是由新奇事物刺激所引起的关注、接近的一种行为动机，这是孩子在成长过程中感受事物最强烈的动机之一。与身边事物产生的刺激强度有关，往往是刺激性越强，越能产生强烈的好奇心，家长不仅不能扼杀孩子的好奇心，还要想方设法陪养、鼓励孩子的好奇心。

女孩娜娜有着十分安静的性格，她刚懂事的时候，对颜色丰富的纸张有很强的好奇心。妈妈做家务时，就把她放在床上，在她的面前放上几本图文并茂的画册，她会把画册翻过来掉过去地看，看着看着就用手撕，等妈妈忙完了手中的活过来看她时，她已经是坐在了花花绿绿的纸堆里。娜娜的妈妈没有读过大学，但是她明白一个理：女儿撕书是因为她喜欢书。喜欢书的孩子不会是没出息的孩子。就是在这种最简单的认知思维的支配下，娜娜的妈妈不断地给女儿买回各种画册，让她边看边撕。娜娜常常是坐在床上一两个小时也没动过，这倒使妈妈不担心她是否会因为乱动摔着、碰着了。妈妈忙完了家务，会把娜娜撕坏的书重新粘好，有空闲时就给她读书上的故事或者和她一起背诵歌谣。

不出所料，娜娜读小学三年级时对画画特别感兴趣，妈妈和爸爸一商量，觉得应该好好培养女儿这个爱好，就送她去少年宫学画画，娜娜的进步很快，得了不少小学生绘画奖，还参加了全市的少年绘画展。娜娜除了画画还喜欢读课外书，尤其喜欢读小说，她读书的速度相当快，几乎是三四个小说能读完一本200页

的小说。随着阅读量的增加,她的写作能力也提高得很快,初中时就在报刊上发表了十几篇文章,上了高中已经是校园的明星小作家了。

培养孩子的爱好、鼓励孩子的兴趣并不需要懂得多少大道理,只要家长不把自己的意识强加给孩子,不武断地阻碍孩子的自发性行为,发现他的喜好就多顺从一些,就多创造一些使孩子有更快进步的条件。

孔子说:"知之者不如好之者,好之者不如乐之者。"对一门学问而言,懂得它的人不如爱好它的人,爱好它的人不如以它为乐趣的人。孩子在同一个学校、同一个班级里学习,但学习效果不一样,自身的素质是一方面,更重要的孩子对所学内容的兴趣程度。兴趣可以产生无穷的力量,可以使孩子的追求无怨无悔。兴趣也会让孩子具有百折不挠的毅力、坚持不懈的精神。父母热衷于培养孩子的兴趣爱好,就如同踏上了成才的快车道,不知不觉中就会离成功的目标越来越近。

> 问题不在于教他各种学问,而在于培养他爱好学问的兴趣,而且在这种兴趣充分增长起来的时候,教给他研究学问的方法。
>
> ——卢梭

第一章
控制情绪,别让"爱之切"转为疾言厉色

善于把"命令"转化为平心静气的劝导

每个妈妈都希望孩子能懂事,能健康成长。在这种心理的驱使下,妈妈经常态度急切,情绪暴躁。尤其是孩子逐渐长大,有了自己的主意,经常表现得不太听话了,妈妈说话的语气就日趋严厉,耐心越来越少,脾气越来越大,明明是指导性的话,一不留神就变成了严厉的指责;明明是传授一种做事的方法,却变成了不容置疑的命令。比如"不准哭!""住嘴!""说不行就不行!"

妈妈发很大脾气用命令的方式和孩子说话,是这种"情况很简单",但对孩子来说是"后果很严重"的事件。一是孩子对妈妈经常发出的命令不以为然,甚至产生逆反心理,就算孩子当时按妈妈的话做了,心里也是特不爽。时间长了、次数多了,妈妈越是强制他做什么,他越不愿意做。当这种逆反情绪积攒到一定程度的时候,就会像火山一样爆发,产生令家长始料未及的后果。二是如果妈妈长期使用命令让孩子做这做那,孩子习惯性地听从指挥,唯命是从,长大后会变得人云亦云、没有主见,甚至是养成了唯唯诺诺的性格,这非常不利于孩子拥有独特的个性。

美国学者威廉·哥德法勃说:"教育孩子最重要的,要把孩子当成与自己平等的人，给他们以无限的关爱。"无数事实也表明，妈妈以发号施令的姿态来跟孩子说话，很难说到孩子的心里去，而说不到心里去，又何谈顺理成章地接受呢？妈妈转变态度，控制好情绪，以亲切、关爱的口气跟孩子说话，才能让孩子心平气和地按照你的想法去做。

小孩子尤其喜欢听好话，不喜欢听严厉和斥责的话。妈妈要想让孩子接受自己的意见，要很好地运用说话的艺术。

小明在做作业时不专心，写了几个字后一抬头，看见书架上放着的机关枪玩具，他立刻跑过去拿起来玩。当他摁动开关，机关枪发出"突突突"的叫声时，高兴地喊着"嘿！嘿！哈！哈！"这时，妈妈推门进来，生气地说："你写作业时，就不能精力集中点？别玩了，快点写作业。"小明听见妈妈的斥责，怯怯地把玩具枪放回到书架上，重新坐到了书桌旁。小明目送着妈妈走了出去，写了几个字，忽然又从书包里翻出来同学借给他的迷你小警车玩了起来。就这样，小明玩一会儿，写一会儿作业，时间过去了一个多小时作业还没写完。妈妈第二次进来时，就火了："这么点作业，一个多小时还没写完，太不像话了。你这样拖拖拉拉的，将来能考上好中学吗！没出息的货。"小明听了妈妈这样的训斥呜呜地哭了起来，鼻涕一把泪一把地写作业，字写得不成样子，数学题也算错了。

妈妈见小明已经被自己训蒙了头，自己先做了几个深呼吸，让心情放松下来。然后她拿来一个苹果和颜悦色地说："小明，

第一章
控制情绪，别让"爱之切"转为疾言厉色

先吃了苹果再写作业。"说着拿纸巾给小明擦了擦眼泪，小明接过妈妈的苹果就不哭了。这时妈妈接着说："刚才我看见外面有几个小伙伴玩老鹰抓小鸡的游戏呢，你专心写作业，越专心，写得越快。写完后，也和他们一起去玩儿。"小明了听妈妈这样说，吃了苹果就集中精力写作业，很快就写完了，然后乐颠颠地出去找小朋友玩去了。

小孩子的时间观念比较弱，做一件事往往会花很长时间，他们自己却全然不知道这是一种拖拉的坏习惯。但是从大人的角度来看，无法忍受孩子花大量时间去做一件事，总片面认为孩子做事不用心，甚至边做边玩儿。除了给孩子提出一种激励的方法，促使孩子很快做完一件事，还可以规定出完成的时限，可以利用钟表上的时间来提醒他，让孩子清楚地知道平时经常做一件事需要用多长时间，掌握好规律，养成好习惯。

有教育专家做过这样的一个实验：根据孩子不同的家庭情况把他们分成四个组：正常组、生活条件差组（不能满足健康要求）、被父母忽视组、被父母打骂组。经过长期观察和测试发现，后三个组孩子大脑中杏仁核和海马的体积明显变小。这个结果说明孩子早期的生活经历会对大脑产生永久的影响，因父母不讲究培养教育方法对孩子大脑的伤害是不可逆的。

当孩子没有按父母的要求做事时，家长不要动辄大发雷霆，要用商量的口气进行引导，可以编个故事或者举个实例讲给孩子听，启发孩子进行学习和模仿。值得注意的是，父母在教育、管

理孩子时,并不是一律不可以使用"命令",在涉及做人的原则问题时,需要要求孩子不折不扣地执行自己的"命令",但事后要讲清缘由,把其中的道理用孩子能接受的话解释透彻。

> 儿童的时间应当安排种种吸引人的活动,做到既能发展他的思维,丰富他的知识和能力,同时又不损害童年时代的兴趣。
>
> ——苏霍姆林斯基

孩子"对着干"时,父母的思维要拐个弯

父母的心里有时很矛盾,一方面希望孩子能健康快乐地长大,管理好自己,大人就不用太操心了。但是,当孩子真的长大了,凡是都有了自己的主见,父母却一时难以适应,尤其孩子长到十几岁的时候,有时会专与家长"对着干",天天在自己的眼皮底下的孩子变得不认识、不好管了,让习惯为孩子规定好这个那个的父母无所适从。

大壮自从上了初中就越来越不听话了,他经常顶撞妈妈,爸爸见儿子这么不懂事,也经常进行劝导,对父母的"夹击"大壮自知力所不敌,有时会立刻打住话头,翻翻眼珠,摆出一副不理

第一章
控制情绪,别让"爱之切"转为疾言厉色

不睬的样子,但是在行动上依然我行我素。

大壮的父母对他寄予了很大的期望,希望他以后能考上好大学,成为出类拔萃的人才。大壮上小学的时候比较听话,虽然他特别喜欢踢足球,但爸爸妈妈不让他出去,他只好忍着。上初中后,爸爸妈妈对他的管教更严格了,他与父母的矛盾越来越大,而且还常常闹情绪,课后他经常与同学在绿茵场上驰骋。

有一天,大壮放学后踢了一场足球才回来,一进家门爸爸就质问他:"你又去踢球了?"大壮只是看了爸爸一眼,没吭声,径直朝自己的房间走去。爸爸见大壮这副不理不睬的样子就火了:"跟你说话呢!你这是什么态度!"大壮站在房间门口也有些气急败坏地说:"我怎么了?不就是踢了会儿球吗?"爸爸叉着腰吼道:"放学就应该马上回家写作业!踢球,能踢进重点高中吗!"爸爸越说越气。这时大壮理直气壮地说:"我踢球从来就没耽误过做作业,也没有影响到学习!"爸爸吼道:"还不承认,那你的成绩怎么下降了?"说到成绩,大壮也火了:"还不是你们整天这不行,那不许的,我心情不好,学不下去!"说完,大壮走进了自己的房间,重重地关上了门。门外,站着目瞪口呆的父亲,看着门板独自叹气。

站在家长的角度看这件事,会觉得这个爸爸很令人同情,但是把视角放大,以教育艺术的眼光来看这件事,孩子的行为是可以理解的。孩子长大了,自然就有了自己的思想和喜好。

如果家长不适应这种变化,就会在很多问题上双方各执一

> 父母的
> 情绪影响孩子的一生

词，冲突不断升级，尽管无论是父母还是孩子，没有一个人愿意把家变成战场，但冲突最后还是演变成了两代人之间无休无止的战争。这种战争，很像是一种说不清、道不明的"不是冤家不聚头"的宿命。然而，冲突的双方并没有胜利者，而受害程度最大的往往是孩子，影响他们的学习成绩和兴趣爱好的发展。

9岁的小虎下午1点要参加乒乓球赛，妈妈让他把乒乓球拍准备好，爸爸一会儿开车送他去赛场。不一会儿，小虎告诉妈妈："比赛用的东西，一切准备就绪。"妈妈说："太好了，20分钟后爸爸带你去比赛。"小虎看了一眼窗外问："龙龙在他家院子里玩，我是不是可以去和他玩一会儿？"妈妈答道："行，但记着准时回来哦。"20分钟过去了，小虎并没有回来，爸爸到龙龙家的院子里找小虎。很快回来了，他说："小虎不在龙龙家的院子里，也不在他们家。"又是10分钟过去了，小虎还是没有回来，爸爸有些烦躁。如果小虎不在5分钟内回来的话，他就会迟到了。正在这时，门开了，小虎满头是汗地跑了回来。他马上解释说："我刚到龙龙家时，珠珠就拉我们去她家玩，玩着玩着就忘了时间。"爸爸开始教训小虎："这么重要的比赛……"这时，妈妈在一旁向爸爸提醒道："嘿，你别忘了我们的约定。"她看着小虎的爸爸，把两个手指放在自己的嘴唇边，做了一个"闭嘴"的动作。爸爸看到妻子的这个提示点点头，放松了口气说："你要求去玩20分钟，现在30分钟已经过去了，爸爸希望下次你能说到做到。要迟到了，我们快走吧。"

第一章
控制情绪，别让"爱之切"转为疾言厉色

以前，如果小虎犯错，他的爸爸会长篇大论地对他说教，但是随着小虎一天天长大，他对这种说教越来越反感。有时爸爸越说，他越"对着干"，因此妈妈和爸爸两人重新审视了教育小虎的方法。他们得出说这样的结论：家长教育孩子，目的不外乎两点，一是避免孩子犯错，二是培养孩子的上进心。因此，夫妻俩决定把教育的重点从孩子身上转移到自己身上，他们先改变自己，如果爸爸管不住自己的嘴，妈妈就在一旁做提示。小虎的妈妈认为，如果这次小虎因为在外面玩的时间太长而耽误了"全市少年乒乓球赛"，他会从中接受这个教训，用不着父母的批评和斥责。

父母在孩子有了主见，想按照自己的意识做事时，应避免强词夺理、以势压人。孩子感觉到自己生活在温馨、民主的环境里，没有负面情绪的影响，长大以后自然就不会成为野蛮无理的人。在孩子"对着干"的时候，父母不应该用家长的身份来使孩子强行接受所谓的规矩，而应该让自己的思维拐个弯，用孩子能接受的语言讲清道理。让他听了以后觉得你说的话有道理，按照这个道理来想问题，调整自己的行为方式。如果孩子自己能认识到错误的严重性，父母应记住：此时无声胜有声。

> 幸福的家庭情感当家，孩子也是出于对父母的爱去顺从大人。
>
> ——培根

父母的
情绪影响孩子的一生

别为成绩动肝火，要知道问题出在哪里

父母对孩子学习成绩的期望，一般情况下都呈水涨船高的态势。孩子考了班级前10名，还希望能考年级前10名；中考时考上了最好的重点高中，还希望高考时能拿个状元或者是进北大清华的录取线。如果孩子的学习成绩下降了，家里就会如天塌了一般阴云密布，父母的悲观情绪立刻表现出来，说话的气不顺了，对孩子也失去了和颜悦色的兴致。如此父母，过多地关注孩子的学习成绩，却很少关注孩子的学习方法和学习兴趣，也就不能对孩子的成绩波动进行正确的分析，帮助孩子找到提高学习成绩的方法。

美国妈妈M.S.斯特娜的女儿从小就对数学缺乏兴趣。尽管妈妈曾通过做游戏的方法教会了女儿数数，并用做生意的游戏教会了她如何数钱，但是，当她在教女儿学乘法口诀时，女儿就不配合了，说她不想学这么难的东西。

斯特娜的一位教数学的朋友对她说："尽管你女儿不喜欢学习数学，但绝不是片面发展，是你的教法不正确。因为你不能把数学教得有趣，所以她也就没兴趣学了。你自己喜好语言学、音乐、文学和历史，所以能将这几个学科的知识讲得妙趣横生，女

第一章
控制情绪,别让"爱之切"转为疾言厉色

儿也能学得进去。可是由于你自己不喜欢数学,因而讲得生硬死板,所以女儿也就讨厌学它了。"

在这位朋友的启发下,斯特娜开始采用各种办法让女儿对数字产生兴趣。例如,把豆子和纽扣装入纸盒里,她和女儿二人各抓出一把,数数看谁的多;在吃葡萄时,数数手里有几颗的葡萄籽;或者在剥豌豆时,一边剥一边数不同形状的豆荚中各有几个豆豆。

斯特娜还经常与女儿一起做掷色子的游戏。开始时只用两个色子玩,两人是把色子一起抛出,如果出现6和4,就把6和4加起来得10分。如果出现2和4就得6分,如果出现的是两个相同的数字3和3,这时不仅可得6分,还有再玩一次的资格。把这些分数分别记在纸上,玩6次或5次之后计算一下结果,看看谁赢了。

斯特娜和女儿做这种游戏时每次不超过一刻钟。需要数数的游戏都很费脑力,超过一刻钟后孩子就会感到疲劳,失去对游戏的兴趣。在掷色子的游戏玩了一个月以后,她们又把色子改为4个,玩了一个阶段后,再改为6个。除了玩掷色子的游戏,母女两个还把豆和纽扣分成2个1组的2组、3个1组的3组,把它们排列起来,数数各是多少,并把结果写在纸上,然后把这些做成乘法口诀表挂在墙上。这样一来,女儿就懂得了二二得四、三三得九的道理。可以用这种方法类推下去继续做更复杂的游戏,这样不但使女儿玩得十分高兴,同时也会把学到的很多数学知识加

父母的
情绪影响孩子的一生

以应用，既加深了对所学知识的印象，还会玩得兴致勃勃。

斯特娜的全名叫维妮弗里德·斯特娜，她不仅是一位有耐心的妈妈，还是著名的教育家，她发明的"自然教育法"享誉全球。斯特娜的女儿在她的精心培育下9岁考上了大学。

当孩子对某一个学科不感兴趣时，不要简单地认定不是学这门课程的材料，从而放弃启发和引导。当孩子的学习成绩出现问题时，父母要像教育家斯特娜那样，试着从各方面引导孩子的学习兴趣，由浅入深、由易到难，使孩子即掌握了学科知识又感受到了学习的乐趣。爱因斯坦说"兴趣是最好的老师"，只要孩子对学习产生了兴趣，何愁他不去刻苦钻研，不仅成绩会迅速提高，在学科上取得进步也就易如反掌了。中南大学的学生刘路在本科阶段破解世界数学领域难题，就说明了这一点。

父母在培养孩子的学习兴趣时，通常都会因为对孩子寄予很大希望，制定许多教育计划，抓紧一切机会和空闲让孩子苦学，把家庭教育的气氛弄得轰轰烈烈，气势很大，却没有把具体的措施落到实处，也没有运用好使孩子产生学科兴趣的方法，这些都是需要避免的方式。

父母在培养孩子的学习兴趣时，要制造宽松自由的学习氛围，使孩子在学习时做到身心放松，并且要根据孩子的实际情况，时不时给孩子制定些比较容易达到的小目标，使孩子认识到只要努力就能成功，从而提高学习兴趣。切忌对孩子期望值过高，给孩子在心理上造成很大的压力，精神状态经常在负面情绪的控制下，使大脑失去思考的主动性，学习成绩当然就不会很快有大的进步了。

> 才能不是与生俱来的，是用正确的方法培养的，任何一个孩子都能成为才华横溢的人。
>
> ——铃木镇一

父母情绪焦灼，也不要攻击孩子的人格

在孩子犯下较为严重的错误时，爸爸难免怒火心中生，鼻子眼睛都拧在一起，然后就把"训斥的子弹"从牙齿间喷出来，狠狠地砸向孩子，只要能打到要害，不管轻重，不加选择。妈妈呢，往往是跺脚、痛哭，大喊大叫："我怎么生了你这么个玩意儿。"这种情况无论是现在的父母，还是已经成年但还未成为父母的人，有许多人经历过这样的场景，除非父母是用心独到的教育家，才能幸免于此。

父母在孩子犯错时发火，很容易发过头，所说的话不是针对问题本身，而是以点带面、挟风带雨，攻击孩子的人格。这不仅伤害了孩子的自尊心，也使孩子对父母产生严重的敌视心理，处处与父母对着干。长此以往，孩子自觉不自觉地模仿父母的行

为，用相同的方式对待身边的人，养成了肤浅、盲纵、恣意妄为的性格。一项美国的家庭研究表明，如果父母在孩子面前经常表现出焦虑情绪，孩子患焦虑症的风险是正常孩子的7倍，父母的情绪类型会对孩子产生永久性的影响。

随着社会的快速发展，对人才的要求越来越高，如果父母还以粗暴的方式对待孩子成长的问题，使孩子的心理倾向产生偏差，必将影响将来人生道路的选择。这一点要引起父母的高度重视。身为父母者要知道批评孩子的目的是什么，是成就他，还是伤害他，显然不是后者。那么就需要想一想，我们本来打算让孩子做什么，打算让他学习到一些什么。批评之后，认真分析一下，孩子认识到错误了吗？他的错误能及时改正吗？他的问题你帮他解决了吗？与孩子之间的沟通之路打开了吗？如果得到的是否定的答案。就要认真研究批评的切入点，不能因攻击人格，在他的错误中再加上重重的心灵伤害。

小林的父母离婚后，他一直生活在父亲劣迹的阴影中。小林的母亲是因为他的父亲男女关系混乱才离婚的，离婚后的心情一直没有调整过来。小林如果是跟小朋友打架了，考试成绩扯了全班的后腿。母亲在狠狠地责怪一顿后，总会这样地骂他："恶人的儿子，不是个好东西！"小林在读小学三四年级时，心里会有很多想法，但却无法准确表达。他已经变得很内向、很不爱说话，不愿与人打交道，最惧怕谈及自己的家庭。

小林被母亲这句话骂得久了，开始怀疑自己是不是真的天生

第一章
控制情绪，别让"爱之切"转为疾言厉色

就不是个好人，长大以后也是当坏蛋的料。尽管他的内心深处无比排斥关于坏蛋的种种行为，也根本不想成为父亲那样的人，但为什么母亲要给自己扣上这样一顶帽子啊。有一次小林午饭后跟几个同学去网吧玩游戏，结果玩兴太浓，下午没去上课。老师把这种情况通报给她的母亲，他晚上回家后，母亲又是一顿痛骂，他也毫不示弱地与母亲争吵，当母亲又说出了那句他听过无数次的话时，他忍无可忍终地说："我就是恶人的儿子，你能怎么着！"他的这句话把母亲震住了，她愣怔着一句话也说不出来。从此以后，小林的母亲再也不说那句话了，可是小林已经是个上高一的孩子了，不善言谈的性格已经很难改变，妈妈时时刻刻都需要为改变他的性格做着各种努力。

当家长火气冲向脑门时，不要不假思索地什么话都说，更不要说攻击孩子人格的话。如果情绪实在平静不下来，可以暂时离开，深呼一口气让身心放松下来，或者到卫生间用冷水把脸洗一洗，等情绪稍微平复以后，再想想怎么和孩子沟通。总之，对孩子进行恶言恶语的心灵体罚，其伤害力远远超过肉体上的伤害，对孩子造成的压力远比体罚的后果还要严重。可怜天下父母心，身为家长有权生气，但无权攻击孩子的人格。

孩子的内心世界是很脆弱和微妙的，无意中会将父母的看法进行想象或放大。父母脸面上、语气中微小的心理变化都会在孩子的心灵上产生很大的影响，如果在教育孩子时有嘲弄、辱骂、攻击人格的行为，无形中会形成一种负面的心理场，这种心理场

产生的强大辐射会改变孩子对自身价值的认知和是非观念。父母切记，不能因一时的口舌之快酿成无法挽回的后果。

> 即使是孩子，也有一个人格，也是一个独立的人，这个前提必须明确，孩子绝不是父母的所有物，他的人格是构成社会的组成部分之一，这一个人格必须用充沛的爱来培养。
>
> ——池田大作

第二章
爱有分寸：宽与严要做到恰到好处

父母要想掌握好"爱子心切的"分寸，要认真研究鲁迅说的这段话："子女是即我非我的人，但既已分立，也便是人类中的人。因为即我，所以更应该尽教育的义务，教给他们自立的能力；因为非我，所以也应同时解放，全部为他们自己所有，成为一个独立的人。"如果父母过于看重"即我"，就会与孩子拉不开距离，因管得过细过严，就限制孩子的思维发展。如果把"非我"看得过重，对待孩子过于宽松或放任自流，又容易使其形成胆大妄为的个性。父母将"即我"与"非我"拿捏得恰到好处，才能做到松紧有度，收放自如。

父母的
情绪影响孩子的一生

妈妈心情放松，孩子呼吸自由的空气

受传统文化的影响，中国的父母大多数会把全部的心思放在孩子身上。他们努力工作、一心一意地攒钱，精心打理孩子的吃穿用……一切都是为了孩子。只要孩子将来有出息，再苦再累、日子过得多么紧巴都毫无怨言，因为孩子寄托着父母一生的希望。无可否认，这种爱是最富有牺牲精神的爱，也是最伟大的爱。但是，做父母的并不知道，这种倾注了全部心血的爱，对孩子来说是一种精神负担。有句名言说得好"光在大质量客体上弯曲"，事物间的碰撞会发生意想不到的改变。父母过于沉重的爱，会压得孩子透不过气来，说得透彻些就是，爱也会使人窒息。

玲玲都上初中了，可父母一直把她当小孩子，事无巨细都要管。有一次，她写作业后忘记把一支笔装进书包了，第二天早晨刚上课，她的妈妈就敲响了教室的门——送笔来了。因为区区小事影响全班上课，老师把笔放到玲玲的桌上时说："以后不要忘了带笔。请告诉你妈妈，有事下课时办。"这一刻，玲玲羞得脸

第二章
爱有分寸：宽与严要做到恰到好处

红红的，恨不得钻到桌子底下去。这件事让玲玲鼓起勇气敲开了心理咨询老师的门，她眼泪汪汪地说："我的爸爸妈妈像看劳改犯一样管着我，有时比看管劳改犯还要紧。我所做的每一件事都得是他们安排好的。感觉自己像一个奴隶，毫无自由可言，连每天吃什么、穿什么、读多长时间课外书、做多长时间作业、练多长时间古筝、看多长时间电视、几点上床、几点起床，甚至连我日记中写的什么内容也要一行一行地过目……尤其让我感到不舒服的是，学校就在家所在的小区里，妈妈还要坚持每天接送，这让我在同学面前很没有面子，感觉自己像个18世纪的囚徒：好没自由。"心理咨询老师得知这种情况后，跟玲玲的父母进行了一次长谈，跟他们讲清了，关爱像放风筝，拉得太紧会掉在地上，完全松手也会掉到地上，结果都会使孩子的心灵受到伤害。这以后，玲玲的父母不再事无巨细地管她了，玲玲变得非常快乐，而她的爸爸妈妈也感受到了孩子长大的那份轻松。

玲玲的话说出了许多孩子的心声。孩子在得到铺天盖地的爱的同时，却越来越失去了快乐成长的空间。从太阳还没升起那一刻开始，父母就把他们牢牢地控制在自己的心手里，为他们安排好了一切，要求他们"听话"，不允许他们有自己的想法，不允许自行安排时间。许多孩子在家长的束缚下，处境非常可怜：他们没有成长的自由，没有分辨的机会，没有拒绝的余地。过多的限制，不仅使孩子失去了童年应有的乐趣，也严重限制了智力的发展。生活在这样的令人窒息的环境中，孩子内心深处产生了不满，但是又不能用主动的方式表达出来，很容易心灵扭曲。人们常说"可怜天下父母心"，这句话应该改为"可怜天下孩子心"，从生下来就开始了囚徒一样的生活。

教育专家孙云晓说："中国的父母正在辛辛苦苦地酝酿着孩子的悲剧命运，争分夺秒地制造着孩子的成长苦难。实际上，我们的父母在和自己作战，用自己的奋斗来击毁自己的目标。""只要你是警察式的父母，你的孩子就是'地下党'。你的教育越简单粗暴，孩子的错误和谎话就越多。"父母限制孩子的自由，一方面制造了孩子和自己的距离，另一方面导致"控制"和"反控制"的斗争愈演愈烈。结果是使孩子于成材的教育目标越来越远。

现代社会是信息频道高度发达的社会，父母尤其要接受先进的教育理念，不能再把孩子圈在自己的臂弯里，使他们活力缺失、精神痛苦。世界上任何事物都有一个平衡度，父母爱的付出也有平衡度，如果付出的过多，爱就不是奉献，而是一种自私的索取，必然带来孩子和自身的双重痛苦。如果要想远离爱欲过度的痛苦，父母要时时处处掌控好爱的平衡度。

> 要解放孩子的头脑、双手、脚、空间、时间，使他们充分得到自由的生活，从自由的生活中得到真正的教育。
> ——陶行知

第二章
爱有分寸：宽与严要做到恰到好处

给孩子留下空间，他才能自由飞翔

在现实生活中很多父母拿捏不好与孩子相处的尺度。父母作为成年人，已经有了一定的人生经验。回首往事时，或因为社会的原因、家庭条件的原因，更可能由于自己少不更事的原因，留下了一些无弥补的缺憾，致使很多较大的人生目标未能企及，这时候孩子就成了唯一能填缺补憾的替身，把那些自己不能实现的目标寄托在孩子身上。于是就给孩子下达了指令："你应该……""你必须……"也不管孩子是否喜欢，是否有某方面的天赋，把孩子推向了"苦行僧"的人生征程。

鲁迅说："子女是即我非我的人，但既已分立，也便是人类中的人。因为即我，所以更应该尽教育的义务，教给他们自立的能力；因为非我，所以也应同时解放，全部为他们自己所有，成为一个独立的人。"用较通俗的话来解释这段话的意思是，孩子是父母的，又不完全等同于父母。孩子出生以后就成了人类社会的一个独立的人。因"即我"，父母有养育、教育的责任；因"非我"，孩子不等同于父母自身，所以父母要给孩子自由，使他能够形成独立的人格。鲁迅的话，很明确地剖析了父母与孩子的关系，也为父母与孩子相处定下了的基调：亲和而不武断，自由

父母的
情绪影响孩子的一生

而不放纵。

丁丁被父母管得很严，他没有朋友，没有机会和小伙伴们玩耍、交谈。有一天晚上他偷偷摸摸地上网了，写下一个让人看了很想落泪的帖子。

"在同学们的眼中，我会因爸爸是上市公司高管、妈妈是大学教授而自豪；会因家里的经济条件好，要什么有什么而自觉高人一等。在爸爸妈妈看来，我学习成绩优秀，将来能考上名牌大学……今天，我和你们说句心里话：我什么也不是，我甚至没有一个社会人的权利和自由。在家里我没有发言权，没有一丁点的时间支配权。我必须每时每刻按照爸爸妈妈为我设计的作息时间来约束自己，努力去实现他们心中的蓝图。我是一个失去自由的奴隶，甚至连我家的小狗'贝贝'都不如。每天吃过晚饭，只要'贝贝'摇着尾巴发出呜呜的叫声，爸爸妈妈会拍着它的头说：'贝贝别急呀，洗完碗带你去花园散步。'无论是爸爸还是妈妈，牵着狗绳出门前，都要板起十年如一日的冷酷脸孔，对我发出这样的命令：'哪也不准去！必须待在家里写作业，看书。'他们从没有进行一下换位思考，想想他们的儿子过的是'生不如狗'的日子。

"我只能在爸爸妈妈带着'贝贝'出去时和你们说点心里话，吐吐肚子里的苦水。尽管在物质生活方面我确实是要什么有什么，可心里没有一点幸福感。相反，在我心底里滋生了一种莫名的仇恨。我恨爸爸妈妈，我不知道他们为什么要这样残酷地对待

第二章
爱有分寸：宽与严要做到恰到好处

我。法国哲学家卢梭说，'人是生而自由的，但却无处不在枷锁之中'。也许每个人都有自己的枷锁，但是枷锁和枷锁也是不一样的，我的枷锁是无比沉重的。我有自己的理想，有自己的追求。我喜欢物理学，我渴望将来对世界有新的发现。但是爸爸妈妈却硬要让我将来去学 MBA、EMBA。我在网上查了一下，这都是培养管理人才的学问，我真的不想去管理企业，我没有这个能力。更何况我从小就被爸爸管怕了，我喜欢自由自在地去探索、去发现，可是……一想到可怕的未来，我就会情不自禁地要流泪，真想和爸爸妈妈谈谈，给我一点自由，不要在学业上按着他们规定的路子走，可是我根本无法与他们沟通，只能在网上与你们这些素不相识的网友诉说心里话。你们能理解我的痛苦吗？"

美籍黎巴嫩作家纪伯伦有一段关于孩子的名言："他们通过你来到这世界，却非因你而来，他们在你身边，却并不属于你。你可以给予他们的是你的爱，却不是你的想法，因为他们自己有自己的思想。你可以庇护的是他们的身体，却不是他们的灵魂，因为他们的灵魂属于明天，属于你做梦也无法达到的明天。"孩子有自己的小世界，有自己的一套做事方式，有自我塑造、自我表达的诉求。父母要把孩子看成是有生命的幼苗，会长出叶子和花朵，适当地、按照科学方法浇水施才会成长得更好。如果把孩子看成是一截木头，或者是一块石头，企图按照自己的愿望去雕琢，却不是先考虑到孩子自身的感受和需求，就很可能使一块璞玉成为废品。父母必须给孩子一些自由的空间和时间，允许孩子有选择权、尝试权和犯错权，让孩子带着自由的心灵去探索未知世界。

> 不能把小孩子的精神世界变成单纯学习知识。如果我们力求使儿童的全部精神力量都专注到功课上去，他的生活就会变得不堪忍受。
>
> ——苏霍姆林斯基

不溺爱，"我能行"的孩子新鲜出炉

在父母的溺爱中长大的孩子会有很强的依赖性，不愿意面对困难和挫折，自身的潜力也就发挥不出来。而那些在挑战中成长起来的"我能行"的孩子，多数是在困难的磨炼中成长的。

认真观察改革开放后出生的"80后"、"90后"，他们选择不同的生活道路后的结果，能说明溺爱与关爱两种环境下长大的孩子，到底有什么样的区别。

溺爱中长大的孩子，如果父母经济条件好或在社会有地位，他们无论在哪座城市读的大学，归宿都一样：回到家乡，让父母给安排一个稳定的工作，如大规模的国企或事业单位。有些孩子本来是在北京、上海读的名牌大学，可以在读大学的城市找到更

第二章
爱有分寸：宽与严要做到恰到好处

好的发展机遇，但是也很少有例外地不躲在父母的屋檐下谋一份安稳的、没有挑战性的工作。再看看家庭条件不是特别好，父母没有能力为子女提供一隅安稳之所，他们独自张开人生的征帆，一往无前地向前走，能力较强的选择北上广深，抓住一切可能发展自己的机会。几年之后发生什么样的落差呢？那些没有靠山、独自打拼的孩子，有了很好的人生定位，成了高级白领或所在单位的中层、高层领导者；那些按父母意愿安排工作的孩子，过着有车有房，但是事业没有多大起色，忍受论资排辈的煎熬，等待某天突然有好运气光临能个一官半陪。

处在高速发展的现代社会，对人才的选择和任用也是极高效的，有人说年轻人如果在35岁时没有建树，还没有踏上成功的阶梯，这一生基本上也就定调了，像过去那种所谓的"大器晚成者"少之又少。由此可以得出这样的结论：父母的百般呵护，使孩子失去挑战自我的能力，长大后退回到父母的翅榜下过安稳日子就是害了孩子的一生。这是有所成就、有些经济实力的父母应该深思的问题。

日本教育家多湖辉非常注重少年儿童行为能力的培养，让他们在实践的过程中锻炼，解决实际问题。多湖辉让小学二年级的孩子们捡来报纸、干草和树枝，自己动手点火热饭盒。不出所料，多数孩子不知道怎么样才能点着火；有的孩子带着白手套划火柴；有的孩子把火柴都用完，火柴盒已经空了，还是划不着；有的孩子把火柴划着了，却由于把报纸平铺在地上仍是点不着

父母的
情绪影响孩子的一生

火；有的孩子直接用划着的火柴去点粗的干木枝；有的孩子因为怕火，在火柴划着后惊叫一声扔在了地上……点火，这个两秒钟能完成的最简单不过的事情，孩子都不会做，如果遇到了更有挑战性的困难他们怎么能应对呢。

多湖辉在与孩子们的接触中发现，那些生活中的一切事情都由父母包办的孩子，不仅缺乏生活的基本体验，而且有感觉迟钝、思考能力差的共同特点，因而不敢独自去面对挑战。为了锻炼孩子们独自面对挑战的能力，这位教育家每年都要带少年儿童去旅行，他一改集体出发的做法，让孩子们各自行动，让大家在约定时间在某个旅馆集合。这样就可以让孩子们自己制订计划。尽管有的孩子会乘错了车，因忘记东西又折回而迟到，出现各种失误，却锻炼了他们自立的能力，获得了平时很难得到的生活经验。

竞争激烈、挑战无处不在，是每一个人都要面对的现实环境。如果父母始终把自己的孩子放在"保温箱"里，不让他们经受人生路上的风吹雨打，怎么能培养出应对挑战的英气豪情呢？父母溺爱不放手，孩子长大后事业无成，父母的麻烦也会在中老年时接踵而来：要托人找关系为孩子安排工作；要呼亲唤友为孩子介绍对象；孩子要结婚，还得为他筹钱买房置车；孩子又生了孩子，父母要承担起"自带工资保姆"的重任……来路漫漫何时休！溺爱是祸害，不仅祸害了孩子的未来，父母把自己一生的幸福快乐也搭进去了。培养孩子独立生活能力和挑战精神，是父母

第二章
爱有分寸：宽与严要做到恰到好处

一招解百困的密钥，从孩子出生那一天起，父母就要坚定这样的信念：在孩子幼小的心灵深处根植一份做事的自信，一份不怕困难的独立精神，一份挑战自我勇担重任的能力。

儿童心理学研究表明：孩子在幼儿时期心理活动的主动性就开始增长，喜欢自己去尝试体验一些事物。父母要因势利导，把握孩子这个时期的心理特点，放手让孩子去做力所能及的事情。孩子一天天长大，随着生理结构和功能的发展以及能力的增强，开始出现独立意识的萌芽，这时候孩子非常希望自己尝试和参与成人的活动，父母就应该引导孩子在日常小事中体会到成功的快乐，从而增强独立处理事情的自信心。为了培养孩子的挑战精神，要让他对一些事情提出自己的想法，父母引导他把这个想法实现。当孩子面对逆境和困难时，父母一定要鼓励孩子敢于正视困难，不要让"不可能"把自己吓倒，只要学会尝试，不断努力，就会拥有所希望的结果。一个个的小成功，就会一次次增强孩子的自信心，在内心深处生发敢于面对挑战的勇气和豪情。

> 生命力在不同的阶段，会表现出不同感官的敏感期，教育者只有抓住关键时期进行系统训练，才能事半功倍。
>
> ——蒙台梭利

父母的
情绪影响孩子的一生

纠正男孩子的攻击意识，要有理有节

男孩的攻击意识是与生俱来的。踢球、玩战斗游戏，几乎是每个男孩都擅长的游戏活动。由于男孩在小的时候有坐不住、好动的性格特点，如果控制不好攻击意识就会惹事生事，动不动就与小朋友打架。又由于男孩子的精力比较旺盛，如果得不到正确的引导，精力没有适当的地方排遣，就有可能会把过剩的精力以一些不恰当的行为来发泄，如打别人家的玻璃窗、破坏一些公共设施等。父母必须有管理好男孩攻击意识、排遣旺盛精力的思想准备，指导他们处理好学习和各项活动的关系，注重培养自我约束能力和克制能力。

教育研究证明，男孩如果3岁时爱打架，到5岁时仍然爱打架。如果在6至10岁时有很强的攻击意识，预示着从11至14岁时，在打架、嘲笑、戏弄同伴、武力争斗方面会有更强的心理倾向。有一位心理学家对600名孩子进行了长达22年的追踪研究，无论男孩还是女孩，8岁时有攻击性行为记录的，多数在成年以后发生过攻击性行为，如犯罪、家庭暴力等。因此，男孩的自我克制能力不强将对他的一产生非常坏的影响。

希希长得虎头虎脑，是个人见人爱的小男孩，但他在小区里

第二章
爱有分寸：宽与严要做到恰到好处

有个非常出名绰号："小霸王"。希希的爷爷经常说："这个孙子惹不得，动不动就打人，家里的人都被他打遍了。"有一次，爷爷去幼儿园接希希，听老师介绍完他一天的表现后，爷爷问他为什么不好好吃饭，希希一听就急了，在幼儿园的门口当着众多家长与小朋友的面，挥着小拳头打爷爷，家长们有的过来劝导希希不能动手打爷爷，有的人说这孩子可得好好管一管。

希希在与小朋友玩耍时动不动就会说"打你！""我打死你！"经常有孩子的父母找上门来告状。让家里的大人感到特别烦恼。

打人是孩子来表达感情的一种方式。这种方式经常被叫作攻击性行为，是孩子社会性发展过程中经常遇到的问题。男孩虽然生来就具有一种内在的攻击他人、挑战他人的心理倾向。但是，如果父母能加以正确引导，攻击倾向可以转化为成长过程中的力量，转化为忍耐、坚毅等积极的品格特质。因此，父母如果能将男孩子性情中的劣势变成优势，他们会有更强劲的上进心和爆发力。

孩子的攻击性行为可以分为两类：敌意攻击和工具性攻击。敌意攻击是指有意伤害他人的行为；工具性攻击是指为达到一定的非攻击性目的而伤害他人的行为。例如，男孩有意打自己的同伴，就属于"敌意攻击"；如果男孩子在争夺玩具的过程中打了同伴，则属于"工具性攻击"。当出现争端或为达到某种目的向父母或其他长辈示威时，男孩通常会采用脚踢、拳打的方式攻击对方身体。有的男孩随着年龄增长身体攻击的行为越来越少，但会逐渐改为戏弄、奚落、说坏话或叫绰号的方式进行语言攻击。当男孩很小，还不能准确判断对方意图时，只是简单地将使自己感到不舒服的人和事当成对手去打，但是如果父母不加管教，打人这种攻击性行为会影响良好品德的形成。因为攻击的心理倾向具有稳定性和持续性的特点。

父母不能对孩子的攻击性行为视而不见。如果孩子动手打人，应立刻抓住他打人的那只手，同时严肃地、坚定地直视他的眼睛，让他明显地感到自己错了，等他情绪平静后，再和他讲道理。父母在管教孩子打人时不要进行体罚。当孩子打人时，父母千万不能用打他的方式来惩罚他，这样会更加强化他的攻击性心理倾向，以为有了不好解决的事情就得动手或诉诸武力。

父母要经常注意孩子的反应，当孩子在家里打人时，父母要表现出应有的尊严，不能对此一笑了之，甚至开心地享受孩子发脾气时所表现出的可爱之处，更不应主动逗孩子发脾气、打人。如果孩子很小时就感受到自己做出攻击性行为时，父母或长辈会严厉地加以制止。以后就会明白这种行为是令人讨厌的，不应该发生的，他自然会有所克制。父母要善于给喜欢打人的孩子立规矩。这虽然不是一两天就能见效的办法，但早立比较好。告诉他打人是无能的表现，没有人喜欢打人的孩子，父母反复讲，就事论事地讲，规矩的效果会逐步显现。

男孩都有强烈的模仿能力，崇拜英雄人物，无不羡慕《西游记》《三国演义》《水浒传》《少林寺》等文艺作品中人物的英雄气概。但是当他们年龄小、辨别能力还不强时，如果父母的教育跟不上，他们可能只从表面上模仿这些人物好勇斗狠的一面，其至会沾染社会上的一些江湖习气，因上当受骗又不能自拔而误入歧途。所以，父母要帮助孩子正确分析文学作品和影视剧中的人物。让孩子认识到这些英雄人物最可贵的品质是扶正除恶、见义勇为，而不是靠打打杀杀去征服他人。

男孩攻击性有潜在的危险，但是如果父母以循循善诱的方式帮助他们把这种攻击性转化为内功，在今后的人生道路上他们就做出令人称赞的善良之举、正义之举，甚至是英雄之举。

> 男孩子有了与人交往的机会，就能学得镇定自若，只要时间够。
>
> ——洛克

给男孩子的零用钱，益少不益多

随着国家经济的不断发展，老百姓的生活越来越好，许多家庭不太限制孩子花钱。有的父母因为小时候家庭条件不好，许多想要的东西没有得到满足，现在自己有了孩子不想再让他们受委屈，能满足的尽量满足。在这样的心理作用下，很多孩子不懂得节俭，乱花钱、随意浪费的现象相当严重，尤其是男孩子经常拿压岁钱请客、送礼、聚会、K 歌……表现出来的那种比阔气的行为让人十分惊讶。有位读高中的男生，寒假过后刚一开学就频繁参加同学的聚餐，把几千元压岁钱全部花光。还振振有词地说："我们班同学家境都太一般，同学聚会只能 AA 制。邻班的同学聚会才叫敞亮呢，有个同学的爸爸是大款，人家自己掏腰包请同学吃了一顿法式大餐。"现在的孩子不会挣钱却越来越会花钱，而且丝毫不体谅家长的辛苦，这种现象家长一定要引起注意，并对自己的孩子加以管教，有则改之，无则加勉。

有关调查表明，在所有未成年犯罪案例中，他们犯罪前的零花钱越多，去游戏厅、网吧、歌舞厅等"青少年不宜"场所的比率就越高。这些人中因抢劫、偷窃而锒铛入狱的，占到全部未成年犯罪的 70% 以上。他们之所以走上犯罪道路，在很大程度上是因为他们从小没得到良好的家庭教育，没有树立正确的金钱观。

一些父母受封建思想的影响，特别宠爱男孩，一切事情都依着他们，只要家里条件允许就有求必应。这种过度宠爱会让他们变得自私而没有责任感。太多的金钱让他们只想着用"奢侈消费"的方式去消耗体内的睾丸素，而忘记自己的学习任务和作为公民所必尽的责任和义务。父母的纵容不仅没让孩子走上正确的成长道路，反而为他们播下了犯罪的种子。明智的父母不会对男孩放宽用钱的尺度，而是把对他们的爱很艺术地隐藏起来，给他

第二章
爱有分寸：宽与严要做到恰到好处

们制造体验"挣钱不易"的机会。

一位爸爸带着自己刚上小学二年级的儿子去逛街。在一个繁华的十字路口，看到一位老奶奶正在卖报纸。爸爸从自己的衣袋里掏出10元钱给男孩，让他去买10份晚报。男孩买回来后，爸爸跟他商量说："你按照原价把报纸卖出去，看看能不能很快卖完。"男孩在爸爸的帮助下，3个多小时才把10份晚报卖出去。这对爸爸让儿子去问卖报的老奶奶，卖1份报纸能赚多少钱。男孩从老奶奶那里得知，卖一份报纸就只能赚2毛钱。他自己又算了一笔账，自己花3个多小时才能赚2元钱，而且还要费很多的辛苦和口舌。男孩对爸爸说："以后不能乱花钱了。"爸爸肯定了他的想法，告诉他知道挣钱不容易就要珍惜每1元钱。

在孩子花钱的问题上，父母一定不要心慈手软，要坚持原则，根据家庭的经济状况把好孩子的消费关。控制孩子花钱不是要求过严过狠，而是要引导孩子进行合理的有计划性的支出，从小懂得生活的艰辛和自食其力的重要。

美国著名企业家洛克菲勒是世界上第一个拥有10亿美元的富翁，为孩子一掷千金也不会心疼手软，但是这位赚钱大王却是以精打细算的方式安排孩子用度的。洛克菲勒对孩子每个阶段的零用钱做出了明确的规定：七八岁时每周3角钱，九十岁时每周5角钱，十一二岁时每周1元钱，13岁以上每周2元钱。每个孩子有一个小册子，用来记录支出的明细，以备周末检查。凡是账目清楚，花钱有所值的下周奖5分钱，否则减5分钱。这个习惯在

父母的
情绪影响孩子的一生

洛克菲勒家族一直延续,后代中没有出过一个"败家子"。规模庞大的标准石油公司在激烈的竞争中,一直经得起大风大浪袭扰,这与尽早让孩子——家族继承人树立正确的金钱观有直接关系。

随着孩子年龄的增长,花钱行为由被动变得主动。父母要从孩子懂事开始,教会他怎样买东西,怎么合理用钱,怎样选择物有所值的用品。还要教会孩子怎样保管好钱,防止丢失或被偷盗。随着孩子知识的丰富,要教育他学会先认真思考再花钱,并且要逐渐养成审慎花钱的习惯,避免盲目消费。还可以采取让孩子"一日当家""一周当家""一月当家"的方式,在打理日常生活的实践中学会合理支出,并培养勤俭节约的好品质。

父母教会孩子按计划使用手里的零用钱和压岁钱,并适当积累,必需的东西就买,可买可不买的尽量不买,把剩下的钱存起来。让孩子在存钱和用钱的过程中,建立起理财新观念,如果学校里举行救灾扶贫捐款时,可以让孩子把积攒的钱拿出来捐献,在取得成就感的同时培养公益心。

古罗马诗人哲学家贺拉斯说:"金钱不是做奴隶就是做主人,二者必一,别无其他。"孩子从小没有学会做金钱的主人,长大很容易沦为金钱的奴隶。如果一个人为了金钱付出了道德和触犯法律的代价是非常可悲的,针对这一点父母在孩子很小的时候就要为他们建立起明确的认识,以相对严格的方式规范他们的行为。

第二章
爱有分寸：宽与严要做到恰到好处

> 对子女供应多量财富而不注意增进他们品德的人，恰似那些把自己的马喂养得很好而不训练它们成为有用之才的人一样。
>
> ——苏格拉底

别把情绪的狂风暴雨，砸向成绩波动的女孩

随着年龄的增长，一些女孩在学习成绩上的优势逐渐下降，即使在小学时学习成绩很优秀的女孩也会面临这样的问题。为什么会有这样的现象发生呢？由于女孩喜欢安静，不像男孩那样活泼好动，更不喜欢舞枪弄剑，父母给女孩买的玩具大多是娃娃、手帕、厨房玩具等，而男孩玩的就是积木、拼板、电子枪等智力上更具挑战性的玩具。男孩喜欢的这些玩具更能培养构思、设计和进行抽象思维的能力，能很好地开发智力。大多数女孩从最初的"在玩中学"就表现了思维的安定性，想象力和动手能力没有得到很好的开发，抽象思维能力也显得较弱。

人类文明发展到今天，各门基础知识在人们的知识结构中都是必不可少的因素，尤其是抽象性非常强的数学更是基础的基础，它对大脑有特殊的训练作用。许多父母在女孩小的时候，更

多地培养她们在音乐、舞蹈、绘画、书法等艺术类学科的兴趣，而忽视了对理科兴趣和抽象能力的培养，早期教育上方面的缺课，使许多女孩在学习上表现出后劲不足。

由于女孩的性格特点所决定，她们在小学阶段比男孩更能集中注意力。而小学的课程内容更注重机械记忆，女孩容易把更多的时间和精力花在学习上，因此学习成绩好的女孩子居多。由于男孩比较好动，在小学阶段不能把精力集中在学习上，他们已经习惯了学习过程中出现困难的现状，所以升入中学时也不会被困难所吓倒，而且由于天生就具有的挑战意识，往往更喜欢挑战难题，这就使学习成绩提高得比较快。但是女孩因缺少应对困难的准备，一旦受挫就容易怀疑自己的能力，又因为有很重的情绪心理，学习受挫会对整个学校生活失去兴趣，因此出现学习成绩波动的情况较为常见，这就为家有女孩的父母提出了如何对待学习成绩波动的复杂问题，稍有不慎可能更使孩子学习的积极性受到打击。

豆豆是个慢性子的女孩子，小学阶段学习成绩属于中等偏上，升入中学后她的学习成绩一点点地往下降，学校里的老师认为她是个聪明的孩子，对老师讲的内容不仅全部跟进，上课老师提问时她能积极举手，回答的愿望很强烈，就是说话的声音很小，语速很慢，让同学和老师都替她着急。正是由于豆豆的慢性子，每天放学别的同学都跑出教室好几分钟了，她才不慌不忙地收拾书包，最后一个走出教室。平时做作业、考试怎么使劲努力

第二章
爱有分寸：宽与严要做到恰到好处

也都快不起来，在题量越来越大的情况下，作业要写到很晚才能完成，考试有时做不完卷子，即便是做完了也没有时间做检查。

看到女儿的这种情况，豆豆的妈妈开始还跟她讲道理，让她改一改自己的慢性子。豆豆也表示一定改。可是过了一段时间，妈妈并没有见到豆豆有多大起色，这时过于焦急的妈妈，动了武力教育的念头，开始使用暴力。不出所料，豆豆的慢性子有所改观，但是仍然不尽如人意，她的语文成绩还算可以，数学却在70分止步不前。在妈妈多次的训斥和打骂后，豆豆一点自信心也没有了，她哭着对妈妈说："我太笨了。我希望能像优秀的学生那样考个好成绩给妈妈看，可是就是做不到，我不想上学了。"

豆豆的气质型特点比较明显，也就是心理学上讲的具有黏液质和抑郁质的特征。这两种特征结合在一起，使她说话和认识事物比一般人慢半拍。这种气质类型有一定的遗传因素在内。豆豆学习成绩处于中等水平，并非就是大祸临头，而且慢性子不等于智商低，但是在妈妈狠狠痛打之下，女儿的心灵实在是招架不住了，她被打糊涂了，只能承认自己"笨"得无可救药了。豆豆的慢性子已经让她平添了许多痛苦，妈妈不能理解她，还狠狠地打她，她是非常痛苦无助的。豆豆如果能得到妈妈的理解和帮助，本来是可以尽快提高学习成绩的，却让妈妈把自信打得荡然无存。

面对女儿出现成绩波动的情况，父母就要跟女儿强调，出现暂时的成绩不好是正常的，并告诉她这一切都是可以慢慢来改的,她的智商跟情商都是没有问题的。父母在生活的安排上,要为女儿打出提前量,对于在学习上遇到的问题,应尽量具体地给予帮助,不要抽象地给出一些无的放矢的建议或者讲一些大道理,要努力帮助这个时期的女孩越过一个又一个障碍,重建信心。当她的学习成绩有了改观后,自然也就有了不断克服弱点的动力,何愁智力发展不会突飞猛进呢?

> 求知与求学的欲望应该采用一切可能的方式去在孩子们身上激发起来。
>
> ——夸美纽斯

第三章
放下面子,给孩子实实在在的引导和帮助

如果父母是"面子控",就会出现这种情况:孩子考试成绩得了第一,脸上有面子;孩子考上了好高中,脸上有面子……长此以往,孩子会觉得父母爱的是面子和能带来面子的东西,而不是爱孩子本人。当孩子意识到这一点,就会与父母产生感情隔阂,无论父母说的话多么正确都听不进去。父母要摆脱"面子控",实实在在地为孩子的身心健康、快乐成长做足功课。父母是孩子最好的老师,孩子真正的"人生起跑线"是父母搭建的成长平台,而不是其他的外在事物。

父母的
情绪影响孩子的一生

孩子不是"招牌",父母要就实避虚

网络给人们的生活带来极大的便利,只要在法律和道德的框架下,任何人想说什么就可以说什么,想表达怎么样的想法,别人也不会感到奇怪,思想观念有了网络的出口,处处有绿灯,天涯海角都能找到知音。当"晒"的网络交流方式流行起来后,人们不仅可以"晒表情""晒工资""晒福利""晒友情"还可以"晒孩子",年轻父母孩子一出生,就把照片晒出来听着大家夸漂亮、乖巧、可爱,看朋友圈送来羡慕的目光,爸爸妈妈由衷地高兴。可能有人认为"晒孩子"只是一种简单的娱乐与分享。但实际上,这已经是拿孩子炫耀,以此来展示下一代这个"活招牌"的不同凡响。对于上了年纪的父母,如果孩子比较优秀,如孩子全年级成绩在前 10 名、考上名牌大学,或者是大学毕业以后成为出类拔萃的企业家、科学家,父母就不满足于在网上展示了,一定要出书立说,向世人昭示,讲述自己培养孩子的经历,还要一再地表明:"我的孩子非常普通,是我们的教育有方将他带向了

第三章
放下面子，给孩子实实在在的引导和帮助

成功之路。"这其实是一种深度的自夸，把孩子当成标榜自身人生价值的"活招牌"来满足自己的虚荣心。

心理学研究表明，当一个人自认为自己不如他人时，就要踩在梯子上做出高人一筹的样子，用把别人比下去的行为，证明自己的出色。父母如果对自身缺乏自信，就很容易要求孩子胜人一等，以此来平衡自己内心的这份不肯定。比如，有的父母经常要求孩子在他人面前展示才艺。当孩子受到在场者的夸奖时父母的心里乐开了花。殊不知，这种做法对孩子会产生不好的影响，一是容易让孩子产生骄傲自满的情绪，因为很多称赞是不切实际的，是为了给家长面子而为之。二是给孩子传述了一个不正确的观念：人的价值建立在外在的能力以及他人的赞赏上，这就在孩子形成人生观和价值观方面偏离了正确的方向。

陈亮是一个很有数学天赋的孩子。有一天陈亮的爸爸带他到一个朋友家参加聚会，一位高中数学老师想考考小陈亮。陈亮的爸爸同意进行一次"现场考试"，但他要求这位数学老师不管陈亮解答得怎样，都不可以过分地表扬他。

这位数学老师给小陈亮出了5道初中数学题，每一道题他都用两种方法求出了结果。这位数学老师不由自主地开始赞扬小陈亮："你才上初一，就能解这么难的题，简直是'神童'。"陈亮的爸爸听他这么说，马上转移了话题，这位数学老师才想起了两人约定。但是他还想拿出更难的题来考一考小陈亮，出了一道高中的数学题："这道题许多高中生都没做出来呢，你做不出来也

父母的
情绪影响孩子的一生

没关系。"没过半小时,就听小陈亮高兴地喊道:"我做出来了。"这位数学老师说:"不可能吧?"说着就走了过去。但事实不得不让他赞不绝口地说:"真是天才。"陈亮的爸爸接过话茬说:"陈亮上初中后,数学老师发现他在课堂上极为活跃,经常在课后给他单独辅导,进步比较大,实在谈不上天才。"这位数学老师这才领会到陈亮爸爸真正的意图,点着头说:"是的,只要多下苦功夫,学习上就会进步快。亮亮,要继续努力呀。"

从故事中不能难看出,陈亮的父亲是个特别务实的人。正所谓学无止境,在孩子刚刚有一点小本领时就过分地夸奖,去进行炫耀,怎么能让他明白前面的路有多么漫长,路上有许多的佼佼者需要一个个去超越呢?父母希求他人夸"自家孩子好",远不如冷静、认真地观察认识孩子的真实情况,然后有针对性的给予帮助。即使自己的孩子真的不错,也不宜过分地自吹自擂,还应认真总结经验、严格要求,像陈亮的父亲那样让孩子学会见贤思齐,争取做到好上加好才是可取的。只有这样教育孩子,才能使他谦虚进步,真正健康地成长起来。否则,真就成了这种情况:刺猬说:"我儿子光",黄鼠狼说:"我儿子香",事实上彼此彼此,不分伯仲。

孩子应该得到父母的疼爱、关怀和鼓励,但是不能成为随意摆布、向他人炫耀的工具。身为父母,在孩子需要鼓励时,就应该给予自信;在孩子需要督促时,就应该给予及时的提醒;在孩子需要引导时,就应该指明方向。如果孩子的某项特长、某种技能掌握到一定程度，确实需进行检验，可以鼓励孩子去参加学校、社会团体主办的活动，如体育比赛、文艺演出、巧手会做、环保知识竞赛等活动。孩子在活动中取得了好成绩，会大大地激发他们发展兴趣爱好的热情；如果在活动中表现得不够出色，他们会知道自己的不足之处在哪里，以后会更加努力。这种做法是父母关注的重点，而动不动就把孩子的某项能力拿到网上晒，或者是要求孩子在亲朋好友面前表演，实在是不明智的行为，要尽量避免这种情况的发生。

> 教育上的错误正和错配了药一样，第一次弄错了，绝不能借第二次、第三次去补救，它们的影响是终生洗刷不掉的。
>
> ——洛克

摆脱"面子控"，关爱使孩子脱颖而出

只有高分才能读上好大学，只有读上好大学，将来才能有更好的发展。这样的"铁律"使每一位父母都特别关注孩子的学习成绩。亲朋好友来了，通常都问这样的问题："最近考试了没有？得了多少分？""这次考试在班上排第几名呀？"成绩好的孩子倒觉得没什么；成绩差一点的孩子，本人连同父母都脸面全无。

父母的情绪影响孩子的一生

有一位曾是名牌大学毕业的母亲,几乎以强迫症的心态关注着女儿的成绩。平时女儿学习不错,总是令她这个母亲很骄傲,尤其听到"女随其母"的称赞更是喜不自胜。但是,女儿的中考成绩却不尽如人意,使这位母亲的产生了巨大的心理落差。知道女儿的考分达不到本市省重点高中的分数后,这位母亲不仅训斥了女儿,自己也焦虑得整夜睡不着觉。在她看来,女儿考不上省重点高中,就意味着考不上北大清华,这让她的自尊心受到很大的打击。以前,每当有人问起孩子考试成绩时,她都有抑制不住的得意劲,回答得也十分喜气;如今碰到楼上楼下的邻居,人家问起来可怎么说呢?这件事使这位身为公务员的母亲在相当长的时间内"早出晚归"避免与邻居碰面,免得回答关于女儿分数的问话。

分数不仅折磨着孩子本人,也折磨着父母的神经。唯分是命的孩子很容易产生两个极端。一个极端就是厌学情绪越积越重,最终可能会选择退学、离家出走等极端行为;另一个极端就是染上了"嗜考症"的心理疾病,跟网瘾、烟瘾的性质类似。染上嗜考症的孩子不考试就会觉得烦躁、空虚。甚至有人说"没有考试,我觉得活着没啥意思",使分数成了人生唯一的追求。这两种极端都不利于孩子的正常成长。唯分是命的父母,当孩子的考试成绩不好时不只是觉得脸上无光、对孩子表现出极大的失望,还会在日常教育上产生强烈的消极情绪,本着"你爱怎么着就怎么着吧"想法而为,使其失去了对孩子的指导和帮助,放任孩子后产生的结果更为严重。

事实上，考试只是检验孩子学习情况的一种手段，是一项比较单一的检测。分数只能代表孩子某一阶段的学习情况，而不能作为全面评价孩子的标准。父母不应只关注孩子最后的考试成绩，而应该关注孩子的全面发展情况，比如孩子的兴趣所在，心理是否健康、学习能力的强弱等许多方面，只有综合评价自己的孩子，才能真正地为孩子的成才创造条件。

要充分了解孩子，有选择正确的教育方法，并因材施教，孩子的发展存在个体差异，发展速度有快有慢。对自己孩子的特点与长处没有很好地掌握，盲目地与别的孩子进行比较，会使孩子逐渐丧失学习的主动性和积极性，严重的还会使孩子产生自卑感或做出极端行为。

世界上的每个人都是独一无二的，每个孩子身上都蕴藏着特殊的基因。身为父母要了解孩子的长处和不足，挖掘孩子的潜能，无论是迟是早，只要刻苦学习，杰出的人才总有一天会脱颖而出的。

> 真教育是心心相印的活动。唯独从心里发出来的，才能打到心的深处。
>
> ——陶行知

父母的
情绪影响孩子的一生

不要拿自己的孩子与别的孩子比来比去

当自己的孩子不够优秀时,有的父母出于恨铁不成钢的心理,想用各方面比较优秀的孩子给自己孩子当标杆,激励自己孩子不断进取。其实,这种教育方式是错误的。给孩子找一个榜样,这种做法没错,但是拿自己的孩子与别人的孩子比来比去,尤其是拿自己的孩子的短处来比人家孩子的长处,并把对比的结果赤裸裸地告诉自己的孩子,会让他陷入极度的痛苦、自卑、委屈,他会感到窝火,甚至讨厌家长,进而失去自信心,严重者会做出极端行为。

父母都发自内心地疼爱自己的孩子,但是很少有父母真正懂得爱的艺术——恰到好处地表达爱。更多的时候,父母把爱潜藏在自己的心底。他们眼睛里看到的全都是孩子的缺点,对孩子的优点却反应迟钝,不能及时发现并加以鼓励。世上没有那种只有缺点、没有优点的孩子,而是父母缺乏发现孩子优点的眼光。

从孩子的角度来看,无论学业是否拔尖,都希望自己在父母的心中是最棒的,能不断地得到父母的表扬和肯定。作为父母,要学会多鼓励表扬孩子,帮助孩子树立自信,发掘自己身上的优势。不要总说"你看谁谁家的孩子多聪明,你怎么那么笨""你

第三章
放下面子，给孩子实实在在的引导和帮助

的学习成绩怎么就不如谁谁那么好"这类的打击话，这会在孩子心里留下影响一生的阴影。父母不应设立一个标杆，把孩子捆在上面进行比较，而是适当地进行表扬鼓励，多让孩子自己读一些名人传记类的书籍，他自己会变得更加上进的。

北京有一位记者，他在采访一位高中生时记录下了这样的肺腑之言："从我记事起，我的爸爸妈妈就不断地拿别人和我比，尤其在每次开完家长会后，比完了还要对我来一场批评教育。他们既然认为别人家的孩子好，就去找他们来当儿子好了。再说，我不是不想变得优秀些，我也在努力，可我的改变他们为什么都看不到呢？爸爸妈妈为什么不能理解我呢？他们自己在升职遇挫、工作不顺时都会用'天生我材必有用'进行自我安慰，我也希望他们能明白我心里的想法：'天生我材必有用，不要拿我跟别人的孩子比来比去。'"

从心理学的角度来看，父母经常拿别人家的孩子和自己的孩子比，会让孩子觉得父母的爱是有条件的，如此一来，孩子可能会产生很多负面情绪，如不开心、憎恨、惧怕、愤怒、忌妒等，在这种负面情绪的困扰下，他们会处理不好与他人的关系。

每个孩子都希望拥有成功的快乐，并因此增加继续努力的信心。多多鼓励孩子，才能让孩子体验到成功的快乐，从而激发孩子积极进取的潜在力量。要做到这一点，父母应该引导孩子"和自己比"，而不是"和别人比"。让孩子明白自己现在的表现如何？有什么优点、缺点？跟前一个阶段比较有哪些地方进步了，

哪些地方退步了。如果父母确实觉得别人家的孩子在某一方面值得学习，最好先对自己孩子表现好的方面给予表扬和肯定，然后再建议、引导孩子如何学习别人的长处，这样孩子的心理会更容易接受。父母这样做以后，孩子会变得越来越开心，越来越自信。

> 人像树木一样，要使他们尽量长上去，不能勉强都长得一样高，应当是：立脚点上求平等，于出头处谋自由。
>
> ——陶行知

向孩子道歉，给他一份勇气面对自己

父母在管教孩子时，有时会因情绪失控小题大做，有时也会因为不能完全了解事情的经过而错怪孩子。错怪孩子的事情发生后，父母心理会难过、懊恼，但是要想当面向孩子道歉似乎是件不容易的事，明明想说："爸爸错了，对不起。"可是这句话在嘴边转了转还是咽了下去。事实上，父母在为自己的不理智行为向孩子及时道歉，这个过程能让孩子明白犯错误时，从哪里跌倒就要从哪里爬起来，并立刻改正错误。承认错误很难，但却是一件正确的事。父母敢于说"我错了，对不起"，这并不是在向孩子

第三章
放下面子，给孩子实实在在的引导和帮助

示弱，反而表明自己是一个敢于面对错误的强者。

父母向孩子道歉，会拉近与孩子的距离，产生一种亲密感。这种亲密感是孩子深切的心理需求。在父母因为自己的情绪失控迁怒于孩子时，或者是因为不明就里错怪了孩子时，无论是爸爸还是妈妈，都要面对一脸委屈的孩子弯下腰来，说一句："对不起，我不该用这样的方式对待你。"这时孩子脸上的肌肉放松了，他含着眼泪却绽放了笑容。这样一来，孩子就明白爸爸妈妈是疼爱自己的，自己也不是一个令爸爸妈妈头疼的坏孩子。

在美国定居的沙容婉养育了两个女儿、一个儿子。当三个孩子同时争论着一件事，或不约而同争抢着最后一块饼干时，她偶尔也会因心烦冲着他们大喊大叫，说出一些令孩子惊恐的话，但是与此同时，她又担心邻居们会不会听见。事后，沙容婉非常后悔自己当时粗暴言行，采用深呼吸的方法重新整理自己的情绪，为自己的不当行为向孩子们道歉。真心地向孩子们表明，她真的在乎他们的感受；同时，也在提醒自己，守护自己与孩子之间的关系比维护自己的面子更重要。明白这样的道理之后，沙容婉在管教孩子时，每逢觉悟到自己犯了"大错"，都及时向孩子们道歉，发自内心说一句"对不起"。

世界上没有真正意义上的"父母学校"，在成年人生养孩子之前教会所有的教育方法，因此父母在管教孩子时会犯这样那样的错误，这也使许多父母在没有给予孩子良好的教育时，沉浸于羞耻与自我怀疑中不能自拔。然而，道歉犹如一剂良方，

能让父母将重心放在孩子的身上，而不是只关注自己的感受，同时还会因行为上的过失得以挽救，带来皆大欢喜的结局而感到欣慰。

父母都希望自己的孩子能礼貌待人，但如果一味要求他们尊重自己，却不表示对他们的尊重，就会在他们的心里播种下不认错、不讲礼貌的种子。所以父母要在需要道歉的时候表达自己的歉意，这是对孩子的尊重，最终他们在做错事时也会主动道歉。如果父母和孩子之间相互爱护和尊重，孩子在自己做错了一件事之后才会更愿意像父母那样去表达他们的歉意。

父母向孩子道歉时要讲究方法，要实事求是、就事论事，并且一定要告诉孩子，自己是因为什么才向他道歉的。要向孩子解释清楚自己做了什么错事，说了什么错话。否则，孩子会弄不清楚父母为什么会道歉，也就收不到拉近关系、弄清事理的效果。

父母向孩子道歉的态度非常重要。如果父母的态度不够诚恳，或者遮遮掩掩、轻描淡写，可能会引起孩子的误会。因为孩子会从父母的态度里看出是否真诚，是否愿意正视自己的错误，如果他们觉得妈妈只是敷衍了事，那这种道歉反而会使孩子失去对父母的信任。父母在道歉时要讲究原则，做错的事情要承认，没有做错的事情不能胡乱道歉。不能因为孩子的情绪波动就心生同情，就一味地给孩子道歉，也不能为了取悦孩子就没原则地进行自我批评，使道歉变了味，从而滋生了孩子胆大妄为的心理。

父母真诚的有原则的道歉，会让孩子深切地体会到：人都会犯错，重要的是要及时纠正自己的错误，同时，在孩子的心里萌生这样的理念：在生活中不必扮演永不犯错的完人，而是要做一个有勇气面对自己的人。

> 家庭关系紧张，父母专制，不尊重孩子的人格，不讲民主等因素直接影响孩子的学习与人生。
>
> ——爱德华

用积极的心态帮助成绩不好的孩子

在孩子就读的学校里，自我价值感、自信心这些优良品质，都集中在成绩好的学生身上，而学习成绩差的学生成为校园里的灰色人群，承受着比优秀学生更多的压力。不仅在集体中体现不了自我价值感，回到家里还要承受父母施加的压力，这使孩子的内心负债累累，学习成绩更难以改观。

其实，有许多科学家在小时候学习成绩并不好，有的人还被断定为智力有问题，但是，这并没有影响他们在自己喜爱的领域取得非凡的成就。对于这一点，父母并不是没有认识，不懂得成才、成功有许多复杂因素在内，但是，为什么还要给孩子增加更大的压力呢？很大程度是父母自己的虚荣心在作祟，觉得在人前没面子，抬不起头来。尤其是知识分子父母，他们把学习成绩看得比天还大，如果孩子不爱学习、考试分数低，他们几乎要急得发疯了，如果这时候还想让他们冷静下来，以心平气和的态度和孩子谈学习问题，说比登天还难都不为过。但是，从客观上讲，孩子学习成绩不好确实需要父母认真地进行分析研究，找到问题到底出在哪里，然后提出有针对性的改进措施。如果父母觉得自己也无能为力了，就不更不必死要面子，要以积极的心态向社会上的教育机构、心理咨询机构寻求帮助。

有个读中学的女孩，觉得自己学不会学校开设的科目，于是经常逃课到网吧玩游戏，去电影院看电影。学校老师对女孩没有办法，劝其退学，尽管她已经被一所中学退过学了。女孩的妈妈觉得女儿太贪玩，不争气，一直责骂她，有时觉得责骂不解气还随手拿个什么东西打几下。在多方压力下，女孩变得越来越抑郁，对学习失去了信心，对未来也不抱任何希望了。

女孩的妈妈在无计可施的情况下，决定向心理医生寻求帮助。心理医生发现造成女孩精神颓废的原因有两个：一是妈妈的认知有偏差，她总是把成绩的作用无限放大，觉得女儿学习成绩不好，这辈子的一切都完了；二是女孩对自己的认知也存在偏差。她被母亲长期强调成绩的语言催眠后，自觉学习成绩不好人生就失去了意义，因此自暴自弃。针对这两方面的原因，心理医生首先对女孩子的妈妈进行心理辅导。帮助她纠正了对学习成绩

第三章
放下面子,给孩子实实在在的引导和帮助

认识上的偏差,讲明了女儿厌学的因果关系——"因"是母女两人觉得她没法学好,"果"是女孩自暴自弃。妈妈很配合地接受了改变认知的心理暗示,开始用爱的语言与女儿沟通。此后,心理医生在妈妈的配合下对女孩进行了三个层次的诱导。

第一个层次:诱导女孩讲出她心中的梦想。女孩描述了她未来成为护士的情景:穿着漂亮的护士服,为病人打针,安慰病人的家属。当女孩描述自己的梦想时,脸上露出满足、幸福的笑容。这第一步的诱导产生了很好的效果。

第二个层次:诱导女孩自己觉得要成为护士需要考上护士学校。在这一环节中,尽量避开上学辛苦的一面,让她想象在大学里读书的快乐情景,女孩再次露出了甜美幸福的笑容。

第三个层次:诱导女孩描述读医学院需要学习的内容。由于经过前两个层次的诱导和暗示,女孩对学习的看法已经改变,接下来心理医生开始帮她确认自己的学习能力。在之前的交流中,得知女孩最喜欢古文背诵,这时心理医生引导她与自己一起背诵她没学过的《阿房宫赋》。试背五遍之后,女孩把第一段背了下来,效果非常好。于是心理医生充分肯定了她的学习能力。在女孩处于半睡半醒的状态——潜意识最为活跃的时期容易接受外界给出的指令,心理医生用专业技巧发出新的心理暗示:"你做得非常好,你醒来之后,你会发现其他所有的科目对你来说都像背诵这段古文一样简单,所有的科目都学得懂……"

经过为期3个月的心理治疗后,女孩与妈妈的关系融洽了,

父母的
情绪影响孩子的一生

她不再逃学了,并开始努力学习文化课,4年后考上了大学。虽然最终没有读医学院,却一直以积极的心态面对学习和生活。

如果一个孩子学习不好,父母大可不必心灰意懒,要调整好自己的心态,多想办法帮助孩子。首先,父母要接受孩子的现状,让孩子知道虽然学习不好父母也是爱他的。最忌明知成绩差,还总是"哪壶不开提哪壶",总在成绩上逼迫孩子,这样除了给孩子增加更大的心理压力外,还会一步深似一步地伤害孩子的自尊心。其次是多拿时间陪孩子,给孩子家庭的温暖和支持的同时,去发现孩子身上的闪光点。每个孩子都是天使,当父母把有色眼镜摘掉,就会看见一个全新而充满活力的孩子。孩子可能打球好,可能画画好,可能热心公益……这些都是孩子身上的闪光点,当父母注重培养孩子某个方面的特长时,孩子的自我价值感就能够得以体现,内心也就不再负债累累了。

现在社会上有许多教育培训机构、心理咨询机构,都能够很好地解决孩子在学习方面的困难。只要父母不放弃、有信心,并舍得投资,相信改变孩子的学习方法和思维习惯,这也是很容易就做得到的。

> 缺乏父母支持的孩子,往往自我价值感较低,妨碍了他们建立良好的品行和达到较高的成就。
>
> ——里根

第三章
放下面子，给孩子实实在在的引导和帮助

"被炫耀"时，不要迁怒于自己的孩子

有些父母喜欢拿孩子的长处进行炫耀，主要的动因是满足自己爱慕虚荣的心理需求，无形中把孩子当作可炫耀的招牌向他人展示。比如："我的孩子钢琴考了十级""我的孩子考试成绩全学年第一"等，如果孩子有了好成绩不炫耀仿佛日子都过不下去了。当然，"炫耀孩子"的现象不是现在才有的，"光宗耀祖""衣锦还乡"等成语都说明盼孩子出人头地，并得到别人艳羡的习惯由来已久。

拿孩子进行炫耀给足了父母的面子，孩子也兴高采烈，但是却助长了孩子的优越感和攀比心，使孩子变得孤芳自赏、好胜心切，经受不了挫折和失败的考验。

父母拿孩子进行炫耀时，滋长了孩子的虚荣心，也伤害了"被炫耀"的孩子和他们的父母。可以说是一言多害的行为。著名作家老舍先生曾经说过："摩登夫妇，教三四岁小孩识字，客来则表演一番，是以儿童为玩物，而忘了儿童的身心教育甚慢，不可助长也。"

当父母听到别人炫耀他们的孩子，而自己的孩子确实不那么优秀时，心里会很不是滋味。这时候，不妨试着理解对方，他也许不是存心要让自己难堪，只是为了满足自己的虚荣心而已，要做到一笑置之，不为所动；如果对方的行为真的影响到了自己的

父母的
情绪影响孩子的一生

心情,也要能够正视这种变化,缓和自己的心情,用转移注意力的方式排解掉负面情绪。

让人忍无可忍的是,有的父母在炫耀自己孩子的时候贬损别人的孩子,如果"被炫耀"的父母缺少定力,就会因为自己丢了面子而把怒气发泄到自己孩子身上。比如考试成绩得了第一的孩子妈妈,向考试成绩稍差的孩子妈妈进行了绘声绘色的一番炫耀,"被炫耀"的妈妈看自己的孩子就气不顺了,这时候再遇着自己的孩子在外面玩到天黑不回家,妈妈很可能跑出去拎着耳朵把他叫回来。如果这时候孩子进行反抗,妈妈就有可能大打出手了。因此,父母遇到"被炫耀"的情况时,一定要保持情绪淡定,不被别人的虚荣心煽动起自己的虚荣,迁怒于自己的孩子。

逗逗学跳芭蕾舞有一年多了,她具备一些基本功,但舞姿并不是很优美。这没关系,因为她喜欢跳舞,每次妈妈去接她回家,她都是一副笑容满面的样子,让妈妈也跟着高兴。

有一天,琳琳的妈妈在舞蹈班门口等孩子放学,和旁边逗逗的妈妈闲聊了起来。刚开始琳琳妈还是客客气气地说话,但是在两个孩子走到各自妈妈身边时,琳琳妈说话的语气就变了。她看了逗逗妈几眼,一脸不屑地说:"哎哟,就这身材还学跳芭蕾。逗逗妈,你女儿腿短身子长,你真觉得适合跳芭蕾吗?"然后转身看着自己的女儿说:"我家琳琳就不同了,下半身比上半身长,老师都说这样的身材天生就是跳芭蕾的料。"

琳琳妈这话一出口,逗逗妈的脸上立刻挂不住了。她马上深吸一口气，平复了一下情绪，然后说："从身材上看，琳琳很不错，但是为什么她每次下课都是愁眉苦脸的呢？我家逗逗身材上虽然没有优势，但她喜欢跳舞呀，每次跳完都是高高兴兴的，就冲这一点我就觉得非常合适了。"琳琳妈仿佛没有意识到逗逗妈会反驳，白了一眼逗逗妈，拉着自己的女儿走了。

在父母和自己的孩子一起"被炫耀"时，父母本身不仅要保持定力，平稳情绪，还要想办法消除给自己孩子造成的不利影响。如果对方炫耀的是他的孩子成绩多么好，父母也不要生气，而是要平心静气地拿自己孩子现在的成绩与他过去的成绩比，如果进步了，就给予表扬，如果是退步了，就帮助找一找原因，是哪里没有弄懂，是什么原因造成了退步，不论是哪种原因都要给孩子以鼓励。上例中逗逗的妈妈就做得很好，向琳琳妈妈说明跳舞是为了让孩子感到快乐，在快乐中有所收获。她的话是说给琳琳的妈妈听的，也是说给自己女儿听的。逗逗觉得快乐是最重要的，就会以更加积极的心态去学跳舞。逗逗的妈妈既反击了对方，也鼓励了自己的女儿，这可谓是一举两得。

懂得教育艺术的父母，就要随时回击来自外界的负面的影响，使孩子的正能量越聚越多，就能快乐健康地成长。

> 我们要像对待荷叶上的露珠一样小心翼翼地保护儿童的心灵。
>
> ——苏霍姆林斯基

第四章
擅长沟通,父母的话说到孩子的心里去

　　沟通如同用语言搭建立交桥,孩子成长过程中的许多问题可以由此解决。比如,孩子学习上遇到了障碍、与小伙伴的交流不顺畅、因是非曲直认识不清而犯错等,父母都可通过沟通一一化解。如果父母没有掌握沟通的技巧,就如同在道路纵横交错处的立交桥垮塌了,父母和孩子之间的矛盾会堆积成赘,孩子与父母的心理对抗愈演愈烈。父母如何把肺腑之言说得入情入理,让孩子听进去,关系到与孩子的良好互动关系的形成和保持,因此,父母必须掌握一系列的沟通技巧。

把握孩子的思维方式，沟通变得融洽而美好

每个人都有自己固有的思维惯性。遇到问题的时候，会自觉地调动自身以往的经验、积累的知识形成解决问题的方法。当没有类似的经验、知识积累欠缺时，就凭借主观臆断来做出对自己最有利的选择。每当处于这种状态，几乎不会认真地做出调查分析，就以主观臆断作为行为依据，因此做错事、说错话的情况就发生了。父母在教育孩子的过程中，也经常会出现这种情况。

大伟的爸爸妈妈想周末出去春游，家里只留他一人在家。上午10点钟时他听到有人在按门铃，他没有多想就打开了家门，眼前站着的是两个阿姨，一个挎着黑色的小包，一个手里拿着笔记本。挎包的阿姨笑容满面地说："我们是来收卫生费的，总共是20元。"大伟听了这话就毫不犹豫地从家里的抽屉里拿出20元钱交给了她们。大伟心想，等爸爸妈妈回家来了，一定会表扬自己料理家务事了。但是，让他出乎意料的是，晚上爸爸回来后，不但没有表扬他，还训斥了一番："你一个人在家时，不应该给陌

第四章
擅长沟通，父母的话说到孩子的心里去

生人开门，如果来人是抢劫犯怎么办？"大伟听爸爸的话后非常生气。心想："我为什么不能开门？你不是说晚上一个人在家时，不能给陌生人开门吗，这大白天的怕什么呢。"他虽然心里是这么想的，但是看见爸爸一脸的怒气，他不敢争辩，快步躲进了自己的卧室。大伟的爸爸并不想善罢甘休，叫他马上写出对这件事的想法。大伟拿出纸和笔，把当时怎么想的都写了下来，在最后写了这样一句话："我能为家里做点事，心里感到十分高兴，还希望得到爸爸妈妈的表扬。"大伟的爸爸看完后，狠狠地把这张纸摔到了地上，说："你还在诡辩，难道你让坏人砍断了胳膊和腿，才能明白不能给陌生人开门这个道理吗！"听到爸爸再一次的训斥，大伟心里更委屈了。"是你让我写出当时的想法的，我说了真话有错吗？如果我的想法不对，你就不能心平气和地跟我讲吗？"这话大伟不敢说出来，因为平时他和爸爸产生冲突，不等他把话说完爸爸的拳头就向他挥了过来，在他爸爸的心里，用拳脚解决问题的方法是最好的，不必多费口舌。没法与爸爸讲理的大伟，只好违心地再写下了自己的"想法"，实际上是一份检讨。

父母在思维惯性的驱使下，会自然而然地按照过去的经验、固有的观念行事，这必然会失之客观。大伟的父亲得知他开门付卫生费的行为后，首先想到的是给陌生人开门的危险，这就把要了解孩子、理解孩子的想法给堵死了。大伟在辩解和说明的时候，他的爸爸认为是顶嘴、自以为是，所以又出现了让儿子说违心话的错误，可以说是错上加错。如果大伟的爸爸能打破自己的思维惯性，就会从儿子的角度、从一个孩子的角度分析他当时的心态、行为，然后很客观地表扬大伟为大人分忧的这份担当，然后告诉他给陌生人开门的危险，以后一定要确定好对方的身份再开门。这样不仅鼓励了孩子的积极情绪，也做到了防患于未然。

父母打破自身的思维惯性并不是什么困难的事，只要能经常换位思考，用成人的思维去贴近孩子的思维，沟通不仅顺畅无比，也能营造父母与孩子同乐的良好氛围。

浩峰的妈妈是位大学音乐教师，她性格温婉恬静。平时看电视多数时候选择音乐节目，由于不爱好体育对各种赛事很少关注。与妈妈的爱好不同，浩峰是个铁杆球迷，为了看足球赛，可以不吃饭、不睡觉。儿子看球赛时这份什么也不顾的痴迷，挥拳舞脚的激情，让他的妈妈无法理解。浩峰常常深更半夜悄悄起来看英超、看世界杯，虽然为了不吵醒爸爸妈妈，总是把音量放到最低，但是，他克制不住而发出的大声喝彩，还是会吵醒爸爸妈妈。妈妈虽然没有走到客厅关掉电视，却也免不了埋怨几句。但是有一天，一个念头突然从浩峰妈妈的头脑里冒出来：能够让儿子如痴如醉的足球到底有何种吸引力呢？我怎样才能够体会到儿子在看足球时的快乐呢？有机会一定要尝试一下，多和儿子进行交流。

在随后的日子里，令浩峰感到如同发生了奇迹的一件事是：妈妈竟然迷上了足球，每天和他抢着看报纸、准时看球赛，关心贝克汉姆，询问罗纳尔多。当浩峰与妈妈一起从沙发上站起来，面红耳赤地给中国队加油时，他感到妈妈是如此地与自己心灵相通。有妈妈与他分享足球赛的快乐，他非常高兴。

父母是否以孩子的思维方式进行了沟通和交流，从孩子情绪变化上就会得到检验，如果孩子的情绪兴高采烈，存在的问题得到了解决，就说明父母没有固执己见。像浩峰的妈妈就是通过改变自己，才实现了与儿子思维的完全合拍。如果在父母表达自己的想法时，孩子明显地不"听话"或对抗，随后出现沉默、寡语、过度顺从、有选择性的健忘、转移话题、装病等各种行为，家长就要对自己的思维方式、沟通方法进行反思。事实上，在父母与孩子之间，孩子的错总是可以原谅的，父母偶然犯错也是可以原谅的，但是，如果父母一错再错或错上加错，就是不可原谅的了。

> 只有爱才是最好的教师，它远远胜于责任感。
>
> ——爱因斯坦

以兴趣盎然的姿态倾听孩子的喜怒哀乐

每个人都希望有一个倾诉对象，希望他能理解自己的忧虑，分享自己的快乐。如果一个人兴冲冲地要把自己的所见所闻告诉身边的朋友，对方却一副事情太多、无暇倾听的样子，自尊心会遭受很大的打击，不用说下次再有事情不会讲给对方听，就是有

父母的
情绪影响孩子的一生

了一吐为快的冲动也会咽下去，朋友的关系也生分了。语言能为心灵搭建通道，这一点对孩子来说也是一样的，他们有强烈的自我独立感，希望能与父母分享他的快乐、分担他的烦恼，而不是总听父母的训斥，按所谓的大道理亦步亦趋。

冬冬是小学三年级的学生，最近一段时间，班主任老师发现以前活泼开朗、上课抢着发言的他，变得沉默寡言，下课经常一个人坐在座位上发呆，学习成绩也不如以前了。班主任老师主动与冬冬交谈，问他最近家里有什么变化没有，妈妈和爸爸是否经常吵架。班主任老师经过细心了解得知了冬冬性格变的原因。以前冬冬每天放学回家后，都会把学校发生的趣事说给爸妈听，妈妈很爱听冬冬说的事情，有时还问这问那的，冬冬很愿意为妈妈解释。由于冬冬的妈妈最近工作忙，经常去外地出差。冬冬就跟爸爸说学校里发生的他觉得很有趣的事。但是，冬冬的爸爸是个对孩子要求非常严格的人，对他的学习抓得特别紧。他觉得冬冬说小孩子们的那些事简直是浪费时间，每当冬冬兴高采烈地说话时，爸爸总是会打断他："别说闲话了！赶快去写作业。"有一次，冬冬说班里的一个同学把宠物小狗带到学校里去的事，正学小狗撒欢的样子时，爸爸不耐烦地说："告诉你多少次了，别讲这些没用的事，你还说个没完，你再不改掉这个习惯，看我打死你！"爸爸恶狠狠的样子把冬冬吓坏了，他从此以后，回到家里就到自己的房间，在里面闷着不说话。慢慢地，冬冬在家里的话越来越少了，写完作业就躺在床上发呆，因为爸爸不让他出去

第四章
擅长沟通，父母的话说到孩子的心里去

玩，后来，他的性格就变得内向，很少说话了。

班主任老师知道了冬冬的情况后，主动找冬冬的爸爸谈了他在学校的表现，并言明父子之间的沟通非常重要，不能剥夺孩子倾诉的权利。冬冬的爸爸是一个能听取不同意见的人，他觉得冬冬班主任老师说得非常在理，从此他不再武断地管制冬冬，这使他又成了一个快乐的小男孩。

父母认真听孩子讲话，并时不时地进行一些互动式的交谈，不仅能真正地了解孩子，还会让孩子释放情绪，缓解内心的压力。在交谈中孩子认识到自身价值的存在，就能保持更加积极向上的良好情绪。

心理学研究表明，面对面交谈是孩子能够感受到的最亲切、最有效的交流方式。通过感受孩子的声音、表情、气息的变化，父母可以得知孩子心理上的变化，在第一时间正确了解孩子的真实想法，从而达到快速有效的沟通。在面对面的交谈中，父母首先要运用好倾听这种交流方式。倾听是交流的高级方式，只有倾听得完整，才能做出正确的判断，对孩子说的话才能传达准确无误的信息。由于孩子是非常敏感的，特别在意父母与自己交谈时的表情、说话的语调。父母在态度方面的这些表现，与谈话内容同等重要，甚至比内容更重要。父母要经常这样提醒自己：对孩子说话时是否使用了居高临下的姿态？是否对孩子大声叫喊了？是否对孩子指手画脚了？指手画脚是典型的肢体语言，也关乎与孩子之间的沟通效果。美国人类学家指出：在所有的影响力中，

语言占 7%，音调占 23%，表情及肢体动作各占 35%，可见肢体语言的在表情达意方面有多么重要，父母的一招一式、一颦一笑孩子都能感觉出父母的态度和内心的真实想法。

曾创办《童话大王》月刊的著名作家郑渊洁认为："无论发生了什么事儿，孩子都会在第一时间告诉你。这就是合格父母的标准。"如果一个孩子因为某件事情不开心，而不愿告诉父母，那是因为孩子不是不愿意说，而是不敢说。父母和孩子做朋友，给他们一个宽松的成长环境比什么都重要。

> 导人必因其性，治水必因其势，是以功无败则言无弃也。
> ——徐干

让孩子敞开心怀和你聊聊身边事

在成年人看来，聊天就是说一些无关紧要的闲事，但是对于孩子的教育来说，父母不可小看聊天的作用。父母想真正地了解孩子在外面的情况和在校时的心情，就要经常和孩子聊天。通过聊天，了解孩子内心的真实想法，把对孩子的关爱潜移默化地传递给他。如果父母不注重和孩子聊天，就无法了解孩子的需求，当孩子一天天长大，不愿再听父母的话时，就会慢慢地和父母越

第四章
擅长沟通，父母的话说到孩子的心里去

来越疏远了，使父母和孩子之间的交流和沟通变得非常困难。

父母与孩子能敞开心怀随便聊天，彼此间就会建立起一条通进行精神交流的绿色通道，和孩子成为"知心朋友"，孩子也更愿意接受父母的想法。

旭东坐车和爸爸一起出行，他问出了一句藏在心里很久的话："爸爸，我们家为什么不买一辆更大一点的新车呢？"爸爸回答说："你说的很对，我们家是应该买一辆更大、更气派一点的车了。但是，如果我们急于换车，我得找几份兼职，那样我将不能有这么多的时间和你在一起。如果让你做个二选一：买车或经常有爸爸陪伴，你会选择哪一个？"旭东毫不犹豫地回答道："那还用说吗？我当然要经常与爸爸在一起。"

通过旭东和爸爸的这番对话，在家庭生活方式的选择上获得了一致的意见。如果爸爸为买车拼命地工作、赚钱，失去了和孩子在一起的时间，那不是得不偿失吗？

父母与孩子增进了解的方式有很多种，其中最重要的就是在与孩子相处的过程中轻松愉快地进行朋友式的交谈，让家庭充满幽默感、亲切感，能随时解决孩子的困惑和疑问。

有的时候，孩子在外面有了不愉快的事，回到家时不知怎么样和父母说，父母应主动地与孩子谈话。这种谈话的内容应该尽量具体。如果父母问："今天在学校除了上课还做什么了？"孩子的回答可能就是短短的一句话："没做什么呀。"这样的谈话是空泛的，也是没有针对性的。父母得问一些有针对性的具体问题，使得沉默不语的孩子开口说出心里话。如："下课时，你经常和谁一起玩？"或者说："最近你们的手工课都做什么东西？"这样的问题，比较容易引发孩子在叙述具体事件时把心中的不快讲出来，以便于父母进行正向的疏导。

如果孩子实在不愿意谈自己心中的不快，父母也不要紧着追问，要用亲切的口气对孩子说："不急，你什么时候告诉我都行。"让孩子知道父母什么时候都可以听他倾诉，他心里会感到十分温暖，情绪马上就会好转过来。对于特别内向的孩子，需要更长时间的启发，可以给他讲一个相类似的故事，引起孩子的共鸣；也可以搂着他静静地坐着，他最终会忍不住和想交谈。当然，所有这些都必须建立在父母信任孩子、理解孩子的基础上，无论发生什么事情，父母都不会不问缘由地横加指责，而是把在孩子看起来是个"大难题"的问题，而实际上却是个"小问题"的问题解决掉。

与孩子交谈时，父母不要面无表情，尤其是父亲不能一副冷若冰霜的样子。有些人无论是高兴或烦恼，都不会在脸上显示出来。这种面无表情的样子虽然不代表内心冷酷，有些时候甚至比表情丰富的人感情更细腻，也更富神经质。身为父母，如果与孩子交谈时面无表情，孩子就无法从表情中了解孩子你的心思。因此，父母在面对孩子的时候，一定要全身心地投入，该笑的时候就开怀大笑，该使用肢体语言时也不用多加限制，感情的表现越积极，越能让孩子了解父母内心的感受，孩子才会更容易接受父

第四章
擅长沟通,父母的话说到孩子的心里去

母的想法。

有专家指出,父母与孩子聊天时要用"平行交谈"这种方法。所谓平行交谈,即父母与子女一起从事某项活动时进行交谈,话题要与这个活动密切相关,是一种边叙边议的聊天式交谈。如旭东和爸爸谈关于买车的谈话,孩子和爸爸都感到轻松自在,能够畅所欲言。父母可以利用各种家庭活动的机会和孩子进行这种"平行交谈",例如和孩子一起看电视、一起进行体育活动、一起购物、一起走亲访友时,可以谈起学校里发生的事情,孩子与同学之间的交往,看似是随便聊聊,但是却能从中更好地了解到孩子的情况,使父母对孩子的引导和教育能随时随地随事进行。

父母与孩子的情感交流是相互的,不能一味地要求孩子向父母说出心里话,父母也应主动地将自己的喜怒哀乐通过聊天的方式告诉孩子,并试着征求一下孩子的意见,使孩子感到自己在家中的位置很重要。除了聊天,还可以定期召开家庭会议,在会议中家庭成员不分彼此,说出自己最近所遇到的快乐和烦恼的事情,增进父母和孩子间的相互信任。家庭生活民主化,最有利于孩子的健康成长。

> 儿童的思维是在与环境的相互作用中发展起来的。
> ——皮亚杰

父母的
情绪影响孩子的一生

递几个词给孩子，搭起当众讲话的梯子

　　各界精英人物都有出类拔萃的口才，无论是企业家、外交家、军事家，还是政治家，他们在当众讲话时都能做到铿锵有力、妙语连珠，给人带来很强的心灵震撼。殊不知，好口才不是与生俱来的能力，而是经过后天的培养和锻炼才获得的。美国在小学、中学，甚至幼儿园都开设口语表达和人际交往课，教师都是经过专业训练的资深人士。由于中国的高考不包含这方面的内容，所以早期教育中也不做这方面的课程设置，这就使很多孩子不善言辞，不敢在公众场合开口说话以表达自己内心的想法。有的孩子与小伙伴在一起时会滔滔不绝地说，可是老师一叫他到前面讲题或表演个节目就羞得脸红脖子粗，一句话也说不出来了，这让很多父母对孩子表达能力的欠缺感到担忧。

　　晶晶具有超强的记忆力，平时听爸爸妈妈给她讲故事，几乎能一字不落地复述下来。老师在得知这个情况后，就在自由活动时让晶晶站到前面来给大家讲个故事。没想到，没有丝毫准备的晶晶一下子变得目瞪口呆，当老师牵着她的手把她拉到讲台上时，她竟然不敢抬头看大家，紧张得全身哆嗦，张了几次嘴，说"我，我……"意思是想说"我今天给大家讲个故事"，却怎么也

第四章
擅长沟通，父母的话说到孩子的心里去

说不出来后面的内容了，尽管老师和同学都鼓励她，可是她最后还是低着头跑回了座位。

这次经历使晶晶像蒙受了奇耻大辱，她觉得在老师和同学面前丢尽了颜面，于是，第二天说什么也不去上学，任凭爸爸怎么劝也不离开家。妈妈怕给晶晶带来更大的压力，只好答应让她在家休息两天。晶晶在家里一直回忆当天那尴尬的一幕，整天把自己关在房间里，不想见任何人。最后妈妈不得不带她去看心理医生。

孩子没有当众讲话的经验，当面对大家时会非常紧张，把握不好自己的状态，因而产生了焦虑情绪。心理学认为，紧张会影响孩子的思考力及注意力。如果孩子的情绪过于紧张，就会使本来敏捷的思维变得迟钝起来，甚至会出现严重的混乱，从而大大削弱了语言表达能力，与此同时，还会使注意力的集中和转移发生困难，出现不该出现的错误。因此，父母应该引导孩子学会化解紧张情绪，多给孩子创造锻炼的机会。

有一位爸爸经常在家里与女儿玩"老师给学生上课"的游戏，女儿永远是老师，爸爸永远是学生，并且还是个"笨学生"。他经常这样问女儿："'小老鼠上灯台'下一句怎么念呀？""'举头望明月'下一句是什么呀？"女儿一遍一遍地来"教"爸爸，就在这种反复教爸爸认字、念儿歌、读古诗的过程中，她锻炼了自己的表达能力，弄清了"教"和"学"是怎么一回事。这位爸爸在向其他家长介绍经验时说："在孩子上学前，玩这种课堂游

父母的
情绪影响孩子的一生

戏有个特别大的好处,就是让孩子提前体验学校生活,为她上学后适应集生活做好了准备。"

这个小女孩没有上过学前班直接上的一年级。头几天她也曾哭着闹着不想去上学,但是,一个星期后便开始高高兴兴地去上学了。原来老师在让同学轮流到讲台上领读生字时,发现她不仅一点也不害怕,而且读得声音又洪亮又准确,课后还主动帮助没有学会的同学读写生字,于是老师就让她当了班长。这个班长她一当就是六年,后来还当上了中队长。

语言是沟通的工具,良好的语言表达能力,既能促进孩子智力的发展,又能促进他主动与小伙伴和成年人交往。语言表达能力强,代表具有很好的思维能力、逻辑能力,既能促进孩子的观察力、想象力的发展,又能促进孩子良好个性品质的发展。

由于目前的学习教育在语言表达能力训练方面存在缺失,父母就必须负起培养孩子这种能力的责任,不放过任何一个能够使孩子得到锻炼的机会。

语言表达能力能促进孩子社会性的发展。孩子长大了要离开父母走向社会,必须从小就具备社会交往能力、独立生活的能力以及带领团队从事某项工作的能力。语言表达能力是孩子作为社会人而存在的基本能力,家长在这方面要不遗余力、倾心培养,为孩子今后具有较强的社会适应力打下了基础。

第四章
擅长沟通，父母的话说到孩子的心里去

> 如果每个孩子都觉得有一只"温柔的手"在引导他前进，而不是用脚去踢他的胸脯……那么，教育就能更好地完成自己的使命。
>
> ——显克维支

婉转地将道理说给孩子，会更听得进去

对于成年人而言，如果因为某件事情没做好，有人过来直截了当地对你说"这么做不对，按照我说的做才行"，即使这个人讲的话非常有道理，也很难一下子接受。对于孩子更是如此，让他们弄懂一个道理并落实在行动上非常困难，父母情急之下就会指责、呵斥，脾气不好的甚至会动手打孩子。

有位知识女性，小时候曾多次目睹父母动手打惹是生非的弟弟，这让她的心灵很受伤。自己有了儿子后，就想无论如何也不能动手打，在遇到问题时总是耐心地跟儿子讲道理，但是，随着孩子慢慢长大，她发现自己奉行的"以理服人"的想法越来越行不通。孩子固执叛逆，不管她怎么说就是不听。有两次与儿子发生冲突，她没能控制住情绪，对孩子动了手。到这时，她才发现自己真的黔驴技穷了，又因为违背了自己对孩子的教育初衷，她

父母的
情绪影响孩子的一生

内心十分痛苦。

与这位女子情况相似的家长不在少数,他们本意不想打孩子,但是还有什么更好的办法让孩子听话呢?这个问题实在让人困顿、让人无计可施呀。

有的父母为了让孩子努力学习或者改掉某个毛病,早晨说,晚上说,做作业时说,考试前说……不厌其烦,滔滔不绝,可孩子呢?虽洗耳恭听了,认真接受了,可是一点也没有在行动上有所改进。有时候家长越说越起劲儿,孩子越听越厌烦,有的借机躲开,有的顶上几句:"别说了!""知道了!""我改就是了!"过后还是我行我素。这种情况发生时,父母真的想把孩子按在地上狠打一顿才解气。

孩子之所以听不进去父母讲的道理,就是因为讲的方式太过生硬。如果想让孩子真正接受一个道理,一定要用婉转、隐蔽的方法。把道理埋藏在故事里,或融合在具体的行为中,这就好比让小孩子吃药,包在糖衣里就容易咽下去了。

娜娜是个粗心的小女孩,平时一不小心就把杯子、碗到地上摔坏了。妈妈经常对她说"小心""轻点",但是她还是改不了粗心大意的毛病。有一天,她又打碎了一只杯子。妈妈当时没说什么,睡觉前妈妈讲了一个与杯子有关的故事。

有个兔宝宝过生日时,兔妈妈送给她四个可爱的小杯子当礼物。有一天,兔宝宝不小心把其中一个杯子打碎了,到了晚上睡觉时,另外三个杯子开始找它们的小伙伴,找啊找,最后在垃圾

第四章
擅长沟通，父母的话说到孩子的心里去

袋里找到了它们的小伙伴。这三个杯子哭了起来。兔宝宝被哭声惊醒了，跑过去一看，原来是她的小杯子在哭。兔宝宝也很难过，对另外三个小杯子说：对不起，我把你们的小伙伴打碎了，以后我会更加珍惜你们的。三个杯子原谅了兔宝宝，与她成了最好的朋友，从此以后兔宝宝很小心，尽量不打碎东西。

娜娜听完后过了一会儿说："妈妈，对不起。我也要对另外三个杯子说对不起，以后我会小心的。"从这以后，娜娜每次拿东西时就比较小心了。

孩子的理解能力不强，生硬的道理不好消化理解，但是如果融入带有感情色彩的故事，就可以由耳入心，引起共鸣。有教育专家指出，不要以灌输的方式向孩子讲道理，一定要变化方式方法去讲。在讲道理时有二个不准：一是不准在孩子学习时讲道理，这样会使学习和听道理两耽误；二是不要在孩子做游戏时讲道理。因为孩子心有旁骛，很难听得进去父母的话。讲道理的最好时机是在睡前，因为这时候心情放松，潜意识比较活跃，很容易接受别人的意见，能被孩子接受并记住。

"行不言之教"，这是从古代流传至今的经典教育方法，是指让孩子在行为或者是活动中明白道理。

有一对夫妇收养了两个孤儿，大一点是姐姐，眼睛近乎失明，小一点是弟弟，身体正常。有一天，妈妈让弟弟带着姐姐出去散步，结果遇到几个小朋友在踢球，弟弟就加入进去与大家一起玩了起来。天黑时，小伙伴都要回家了，弟弟也独自回来了。

父母的
情绪影响孩子的一生

原来他把在大树下站着的姐姐忘了。妈妈见他一个人回来了,就问姐姐呢,这时弟弟才想起来,姐姐还在大树下站着,跑出去把姐姐领了回来。妈妈没有责怪小男孩子,她做了一个体验:用毛巾蒙住男孩的眼睛,让他自己在外面走一段路,体验一下什么也看不见的那种感觉。从此以后,小男孩变得特别懂事,处处照顾姐姐。

很多父母认为大事小事都告诉孩子如何做就是好的教育。其实不然,自古就有"身教重于言教"一说,让孩子在行为活动中认识某种道理或哲理才是最好的教育。上例中的妈妈如果对小男孩子说"姐姐眼睛不好,你要多关心她",可能说了很多遍都不如在他心怀愧疚时,给他蒙上眼睛所体会的更为深刻。

现在国外很流行一种很有趣的教育方式,就是把日常生活中的小道理,结合故事写成情景剧让孩子来演,寓剧于理,通过在具体场景中把道理形象化,去让孩子认识、体验其中的道理。这种教育方式,目前国内应用的还比较少,许多父母更习惯采用讲故事的方式讲道理。这方面需要注意的是,不要选择能让孩子产生负面情绪,或者产生恐惧的题材,那样就不能起到教育孩子、鼓励孩子的效果。

> 人只有靠教育才能成人,人完全是教育的结果。
> ——康德

第四章
擅长沟通,父母的话说到孩子的心里去

读懂孩子的情绪,帮他排除心里的烦恼

美国学者玛丽·鲍尔斯·林琦所著《儿子,你尽管说》一书,是美国和加拿大男孩心理训练的必选读物。书中指出,持续地强迫自己掩饰愤怒、焦急、失望等情感会使得注意力分散并损害到推理能力。让孩子体会并表达情感而不是掩饰或者抑制情感,这对培养孩子的身心健康非常重要。

书中有两个关于孩子说出自己的烦恼、缓和心情的两个例子。第一个例子是关于一个哥哥欺负妹妹的:邓利米是一个性格开朗的小男孩,但是他有个坏毛病,就是经常欺负比他小4岁的妹妹。有一天,他的妈妈鼓励他说出"妈妈不能陪我玩,我难过极了"这句话之后,他对欺负妹妹的行为在两天之内就减少了一半。这一现象让邓利米的父母感到非常吃惊,这之前他们一直都在劝阻他不要欺负小妹妹,说了很多话却没有任何效果。而儿子说了这句话后,却打开了解决问题的心结。第二个例子是关于失恋的:当12岁的男孩子米切尔向父母坦陈"我已经被女朋友甩了,自己的感觉坏极了"这句话之后,他就不再狂躁了,而且他的父母注意到,在他说出这句话之后,他的面部表情也变得舒朗了。

父母的
情绪影响孩子的一生

这两个例子说明，孩子有了烦恼不能闷在心里，家长要引导孩子倾吐自己的烦恼，帮助孩子认识自己、悦纳自己，避免长时间积聚烦恼，产生紧张、焦虑、绝望等负面情绪。

小勇放学回家，妈妈高兴地迎了上去，从他的肩上拿下书包后，仔细端详着儿子的脸，发现他的情绪不是很好，妈妈就关心地说："儿子，今天你看上去很不开心的样子。"小勇随口说："没有啊。"他不想把心里的不快告诉妈妈，但是妈妈想了想后问道："你刚刚当了班长，是不是觉得事情太多了？"这句话问到了小勇的心里，他想了想说："嗯，有一点……其实累一点没什么，就是以前和我要好的朋友，他们因为我当班长了，反而不那么守纪律了。"妈妈劝导说："他们这样做是不对的。你周末的时候，组织他们去游泳馆玩一次，顺便说一下，你当班长了，他们应该支持你的工作，值日呀，交作业什么的要积极一点。"小勇说："他们会听我的话吗？"妈妈说："会的。好儿子，凡事用到心就会有所改变。"小勇听妈妈这么说，脸上的不快一扫而光。

父母鼓励孩子说出自己心里的感受，一方面可以从发现孩子的情绪变化入手，一方面还可以选择从自己的感受开始谈论。不知不觉中，让孩子把压在心底的话倾诉出来。

丁丁在父亲去世后性格发生了很大的变化，他以前活泼开朗，也很健谈，但是自从爸爸去世后，巨大的悲痛压得他喘不过气来，整天把自己关在房间里不出门。妈妈很想让她说出自己的想法，可是每每提起此事，他总是低头流眼泪一句话也不说。后

第四章
擅长沟通,父母的话说到孩子的心里去

来妈妈向心理医生咨询,怎么样才能让丁丁走出丧父的阴影,医生提出了几种解决失亲之痛的方式,让妈妈回家后进行尝试,此后,妈妈想出各种办法把丁丁带到户外,他以前喜欢跟爸爸一起去公园里看猴子,妈妈认为看猴子这个活动也许能唤起丁丁谈起爸爸的话题。妈妈带丁丁去公园看猴子之前,拿出一顶爸爸经常带的遮阳帽戴在丁丁的头上,然后边走边谈她是在什么时候给爸爸买的这顶帽子。来到公园的猴子馆,丁丁把帽子从头上拿下来,挥舞着逗猴子。这时他对妈妈说:"六一儿童节时,爸爸也拿帽子逗猴子,那天这儿的人特别多,后面有个人一推,爸爸失手把帽子掉下去了。是饲养员叔叔给捡起来送还给爸爸的。"丁丁边说,边回忆和爸爸在一起时的情形,妈妈借机和他谈了一家人在一起许多的快乐时光。从这以后,丁丁经常倾诉对爸爸的思念,还主动帮妈妈分担一些力所能及的家务,渐渐地,丁丁恢复了以前开朗健谈的性格。

每个人都有着明显的社会属性,只有能进行广泛而深入的交流,生活才是正常有序的,心情才是轻松快乐的,这一点对于成长中的孩子也不例外。父母应该鼓励孩子及时表达愤怒、忧伤、厌恶等心理感受,并通过引导孩子说出这种感受,排解掉负面情绪。除此以后,父母还要引导孩子在心里有了烦恼时,做一些心理压力释放,比如,到空旷之地大喊一声,或者有节奏地深呼吸,也可通过感兴趣的事情冲淡烦恼,看书、找小伙伴聊天、室外运动、听音乐、洗热水澡等都是很好的办法。在孩子烦恼时,千万不要过多地约束孩子,鼓励他们参加各种有益的活动,他们便会自主选择放松心情的方式。这种方法能培养孩子建立健康的人格素质。

> 应当像对待同伴和直言规劝的朋友那样跟孩子们打交道,同他们一道分享胜利的喜悦和失意的忧伤。
>
> ——苏霍姆林斯基

第五章
战胜拖延,孩子的学习生活快乐而高效

　　现代社会的快节奏要求学习和生活都要具有很高的效率,而与之掣肘的顽疾就是拖延。心理学研究表明,使孩子形成拖延习惯的原因有习惯性依赖、时间观念不强、追求过程的完美、做事缺少目的性、自信心不足、寻求自我保护和先天因素七个方面。父母如果希望孩子拥有精彩人生,就要培养孩子从小做事不拖延的好习惯。对已经形成拖延习惯的孩子,父母不要心急气躁,要主动了解心理学知识,运用心理调式的技巧,剔除拖延这个阻碍孩子进步的沉疴。

孩子学习不拖延,如同勒住时间这匹快马的缰绳

拖延的习惯可以使孩子意志消沉,失去不断进取的信心和力量。父母要想使孩子在有限的时间学到更多的知识,以学习的高效率取得好成绩,在基础教育的最高点拼力一搏,考上理想的大学,为人生道路上的成功找到捷径,就不能被拖延的习惯束缚上进心。如果孩子因为某种原因养成了拖延的习惯,父母必须下定决心帮助孩子战胜这个顽疾。

心理学研究表明,使孩子形成拖延习惯的主要原因有这样七个方面:一、习惯性依赖。许多孩子本应自己去做的事都被家长代劳了,就使孩子形成了强烈的依赖心理,对自己的事缺乏参与感,总是想等着家长来做,比如家长不叫就不起床,不把衣服准备好就不知道该穿什么。二、时间观念不强。孩子的生活没有很强的规律性,他就会认为时间很多不必着急,比如拖到很晚也不睡觉,到交作业前的最后一刻才忙着写完。三、追求过程的完美。美国著名心理学家简·博克说:"拖延的毛病,既非恶习,

第五章
战胜拖延，孩子的学习生活快乐而高效

也非品行问题，而是由恐惧引起的一种心理综合征"。孩子即便做的事是自己感兴趣又喜欢做的，可由于害怕做得不够完美，就不断地重复，致使应呈现的结果始终不能达成。四、做事缺少目的性。如果孩子不明白做事的目的就懒得去做。比如不想做完学校的作业，再去做家长留的作业，他想对抗家长的意志、拒绝家长的安排，只能用最得心应手的方式——拖延来应付。五、自信心不足。孩子如果对所要做的事情有畏难情绪，感觉无从下手，这时的拖延就是因为被某项任务吓住所致。六、寻求自我保护。孩子的心灵是脆弱的，知道自己没有与大人相抗衡的力量，他们想回避伤害、保护自尊心时所用的最便利的方法就是拖延。比如，预感到一件事情做完时会遭到责怪，那就拖延着不使其完成。七、先天因素。有的孩子天生动作慢，是由于先天性神经协调缺陷所致。原因是多方面的，如母亲年龄偏大或做过多次人流手术，子宫有一定程度的损伤等，都有可能影响孩子的运动协调能力、注意力及反应能力低下。由于智力的先天缺陷所造成的拖延比较难以改变，即便是改变，也需要较漫长的过程。

父母如果发现孩子有拖延的习惯一定要弄清原因，如果是后天因素所致就要帮助他克服，如果是先天因素所致，就要配合心理医生、教育专家的指导来提高运动神经的协调能力。使孩子的学习、参加各项活动中保持积极的态度，达到时时高效、处处不落后的目的。

2016年高考成绩揭榜后，搜狐网教育频道为了指导未来的高

考生提高学习效率，总结了全国各地高考状元的学习方法。这些优秀学子的独门秘籍虽然各不相同，但是有一个共同点，那就是以学习的高效率获得令人瞩目的好成绩。

甘肃省文科状元李晓彤高考后讲出的独门秘籍是："课堂认真听、疑难重点攻。"她每科都有一个"改错本"，针对自己做错的题、难解的疑难题、费尽心思解不出来的题都抄在"改错本"上，然后认真分析，找出做错的原因，研究出新的解题方法，及时把这些难点一一解决。在读高三的一年时间里，基本上她每个学科都攒了两三个"错题本"。通过建立"错题本"的方法，及时消化难点和疑点是她获得高效学习的主要途径。

与李晓彤不同的是，重庆理科状元郑雅文的独门秘籍只有"及时总结"四个字，她说："我认为学习最重要的是要及时总结。"郑雅文认为相对于初中而言，高中的学习进度更快，学习了新知识之后，应该把起支撑作用的重点挑出来，经过自己总结形成知识的主干和枝叶，抓住重点。在谈到学习方法时郑雅文说："最主要的还是要跟上老师的节奏，课后多和老师交流，主动思考甚至敢于提出质疑，这样对知识点的印象才更加深刻。""对一些同学来说，把课内学习的内容吃透就够了，而对一些同学来说，还需要通过课外多琢磨来巩固。"郑雅文的高效学习法是跟着老师，把课堂内容弄懂学透：不断总结、提出质疑、反复琢磨。

四川理科状元谢畅的独门秘籍也只有"善于思考"四个字。

第五章
战胜拖延，孩子的学习生活快乐而高效

他说："高考的本质就是考一个人的三观、思维能力和思想境界，所以平时在学习中要花时间去思考问题，多调整自己的思想境界，不能一味地埋头做题。"班主任老师对谢畅的评价是："平时，我们班上其他学生都在玩耍时，谢畅却能静下心来，完成自己没完成的学习任务，学习上的自控力特别好，既聪明又勤奋。"有控制能力的学生时间的利用率就高，这也是谢畅取得好成绩的关键。

以上三位状元所讲的独门秘籍都是经验之谈。归纳起来有这样两点：一是对当天学习的知识及时巩固，避免因遗忘产生断片；二是对所犯的错误挖其根源、对难点深入探究，达到一解百解。做到这两点，学习成绩就会步步走高。如果一个孩子在学习上已经养成了拖延的习惯，有可能费时不少却做不到两点。拖延是效率的死敌，提高学习效率必须以坚强的意志消灭这个死敌。

德国著名的心理学家艾宾浩斯通过实验发现了人的记忆与遗忘规律。一个人在学习仅过 20 分钟后遗忘 42%，1 小时后遗忘 56%，24 小时后遗忘 66%，到了第 31 天要遗忘 79%。艾宾浩斯根据实验结果画成了著名的遗忘曲线，表明遗忘的规律是"先快后慢"。这条规律给出这样的提示：一定要尽早、及时地对所学知识进行复习和巩固，以便在知识还在大脑内时就加深印记，如果等到大脑中已经没有痕迹了，只能再耗费精力重新学习。由此可见，一个孩子在复习时拖延，就会对巩固所学的知识非常不

利，如果天长日久形成了拖延的习惯，许多知识得不到巩固和应用，就会与那些高效学习的同学在知识的深度和广度上产生巨大的差距。从较大的视角上看，把一生要学习的知识总量当成整体看待，可以说"拖延意味着浪费生命"，父母如果真的希望孩子拥有精彩人生，必须帮助有拖延习惯的孩子消除沉疴。

> 培育能力的事必须继续不断地去做，又必须随时改善学习方法，提高学习效率，才会成功。
>
> ——叶圣陶

要想孩子做事"不拖延"，要从"定时喂养"开始

孩子的任何一种生活习惯就像影子一样来自父母的生活习惯。一些深深浅浅的痕迹甚至已经不存在孩子的记忆中了，却还在潜移默化地影响着他的学习和生活。如果让孩子试图抓住回忆的线索，极力地寻找那些或深或浅的印迹，会发现产生负面影响的往事已经没有方法逆转，因为没有人能够沿着时间的轨道回到过去。值得注意的是，父母明白身上的不良习惯对孩子产生的影响，会对孩子的培养教育有很大的帮助。如果父母是个时间观念很强，做事讲逻辑、讲规则的人，孩子就不会养成做事拖拖拉拉

第五章
战胜拖延，孩子的学习生活快乐而高效

的坏习惯。

在孩子还没有形成认识身边事物的能力时，比如，孩子还嗷嗷待哺时，父母是他见到的次数最多的人，这个时期父母的养育方式直接影响到孩子生活习惯的形成。

按时定点喂养孩子的父母，很容易培养孩子形成规律化生活方式。孩子总在固定的时间吃到食物，总是在固定的时间排便，总在固定的时间玩耍，就会明白在没有到达所规定的时间时，哭闹是没有效果的，就能使孩子很快适应有规律的生活。孩子一旦习惯了这样的生活方式，长大以后对时间规律的把握就会比别人精准。他会主动要求自己上学不迟到，写作业不拖延，习惯按照既定的时间安排自己的学习和生活，并且也能在计划内完成所有的事情。孩子从小习惯了按固定的时间做事，就不会花大量的时间来安抚自己的情绪，无论遇到怎样的情况，一切都按部就班、有条不紊地进行。即便是在人生的道路上遭遇了挫折，因为一切事情仍然井井有条，不良情绪也会慢慢得到缓解。

父母在孩子出生后，喂养时就不能随心所欲，即不能完全考虑自己的感受，也不能迁就孩子的感受，比如孩子一哭就喂奶，没有规律性，孩子长大就不会有很强的时间观念。如果妈妈手头上有事要做，需要耽搁一会儿才去安慰哭泣的孩子，这种拖延行为，也能给孩子幼小的心灵里留下做事拖延的样板。也许父母会存在这样的意识，那么小的孩子什么都不懂，怎么会由此带给他这么重的影响呢？这种想法是错误的，人是复杂而高级的动物，

父母的情绪影响孩子的一生

不是一个简单的神经连接就能解释出很多问题的原因,即使什么都不懂的小孩子,也有他自己的认知方式:能在认识事物的初始阶段记住父母对待他的方式,并且在以后处理问题时也无意识地使用了这些方式,于是,父母拖延的习惯就恰似与生俱来一般影响了孩子的学习和生活。

李丹的表姐是个按需要给孩子喂奶的妈妈。有一次,她带着8个月的孩子来李丹家做客,先喂孩子吃奶,等孩子吃完睡着后,她就把孩子放到楼上的卧室睡觉。由于李丹家楼上的卧室离楼下的餐厅很远,她每隔几分钟就会上去看看孩子有没有醒来,如果孩子醒了她好给孩子喂奶。就这样不一会儿就上一趟楼,让大家觉得她很累,李丹的爱人见状主动说:"我待在楼上听着孩子的动静,你好好跟大家吃顿饭。"这才使这位妈妈歇了下来。不一会儿,李丹3个月大的宝宝要睡觉了,她就跟表姐说:"我不需要去检查宝宝有没有醒来,因为她一睡就是两个小时。"表姐很惊讶,她竟然能确定宝宝什么时候会醒来。

一个多小时以后,李丹正与表姐谈如何给孩子制订作息时间表时,她的宝宝提前醒来了,开始哭。这确实是件意外的事。李丹上楼把孩子抱起来,他立刻打了一个大嗝,然后就不哭了,也根本不用靠喂奶来哄,因为李丹一直是定时给孩子喂奶的。

李丹说:"给孩子定时喂奶,不但能够帮助妈妈看出宝宝的情况是否正常,还能让孩子从小就养成定时吃饭的生理习惯。这种安详宁静、井然有序的家庭生活更适合孩子的成长。"

第五章
战胜拖延，孩子的学习生活快乐而高效

妈妈按作息时间表给孩子喂奶，孩子会渐渐相信父母能按时做该做的事，也渐渐懂得不需要用哭来得到他们想要的东西，他们可以感觉到父母知道他们需要什么，也知道父母会在生活上引导他们。如果没有一套固定的程序，每次宝宝哭，很难分辨宝宝是不是有什么特别的需要。不遵守时间规律的生活，自然很难建立起孩子的时间观念。

父母不采用随心所欲的方式喂养孩子，孩子长大后会认为自己的事情是自己完全可以掌握的，而他们对客观时间的感知也会相当准确，不会做出让他人无法接受的迟到、拖延的行为。让孩子从小就明白遵守时间是衡量品格的一种方式，做什么都会遵时守时，不因客观原因产生较大的时间偏差，而对拖延、不守时的行为也会非常敏感，不会使自己成为懒散或者随意任性的人。形成了好的生活习惯，开始一项工作、开始一个计划时，也不可能随时停止，也不能随心情随便做出心变。好习惯决定好品格，培养孩子，父母要从他出生那一刻就有足够的心理准备。

> 人的教育在他出生的时候就开始了，在能够说话和听别人说话以前，他已经就受到教育了。
>
> ——卢梭

早睡早起,从幼儿时期养成不赖床的好习惯

美国著名心理学家威廉·詹姆士说:"播下一个行动,收获一种习惯;播下一种习惯,收获一种性格;播下一种性格,收获一种命运。"幼儿是一个人的思想观念和行为习惯形成的重要时期,在这个时期培养好的作息习惯,有利于塑造孩子的健全人格。在父母的思想意识里,要把幼儿时期当形成培养好习惯的黄金时期,付出极大的耐心和细心,不失时机地对孩子进行教育和培养。同时,还要注重总结实践经验,探索有效的方式方法,从晚上准时入睡着眼,为孩子在白天的活动具有良好的精神状态做出坚持不懈的努力,排除拖延的顽疾对孩子思想意识的侵袭。

孩子在幼儿时期,最让父母头疼的事莫过于早晨叫孩子起床。如果父母起床不够早,对送孩子去幼儿园、上班的时间安排得十分紧凑,就会因为孩子不能按时起床情绪冲动,一个阳光明媚使人心清气爽的早晨,会因为孩子赖床搞得一团糟,既耽误了早餐,也不能按时上班。相信每个家庭都上演过这样的一幕。

早晨6点半,可儿的妈妈来到他的房间来叫他,语调温柔地说:"可儿乖,起床去幼儿园和小朋友玩了。"5岁的可儿显然没有睡够,睁了一下眼睛说:"不起。"妈妈抬手拉开窗帘,想让房

第五章
战胜拖延，孩子的学习生活快乐而高效

间亮一些，能使可儿真正地醒来。但这时可儿发脾气了："把窗帘拉回去！拉回去！"妈妈这时还在将就儿子，试图哄着他起床，便把窗帘又拉了回去，说："可儿已经醒了，起床吧，妈妈给你做了好多好吃的。"可儿不领妈妈的情，坐起来指着窗子说："不对！拉成跟刚才那样！"妈妈试着又拉了几下，可怎么也不能让可儿满意，妈妈这时忍无可忍了，大声说："快点起，不起打屁股！"可儿大叫："不起，就不起！"妈妈掀开被子在可儿的屁股上打了一巴掌，可儿大哭大闹起来，妈妈气得也哭了起来。这时妈妈的情绪彻底失控，一边呵斥儿子一边哭。最后是妈妈与儿子两人各哭各的，各喊各的，简直闹翻了天。可儿不穿衣服，妈妈束手无策。这时爸爸走进来，把可儿从床上拎起来，三下五下把衣服给他穿上，不由分说地抓起书包就扯着他走出了家门。这一家人，早晨因孩子不起床闹翻了天，谁也没有吃成早饭。

有专家指出，孩子早晨不爱起床并不是真的起不来，而是不愿意起床。这一点可以通过一件事来证明。比如孩子爱去动物园看动物，家长叫他起床时说："动物园里新来了大熊猫，马上起来，我们去看大熊猫。"孩子就会一骨碌就爬起来了。所以关键不是爱不爱起床，而是起床后他要面对的是什么。如果是他喜欢做的事，就会很快速而高兴地起来了。所以家长要想办法以让孩子高兴做的事情来启发他快些起床。在孩子赖床时不要像可儿的妈妈那样情绪失控，不仅使自己的情绪变坏，也让孩子一天都不开心。

父母的
情绪影响孩子的一生

想让孩子快些起床的另一个关键是，要让孩子按时睡觉，养成早睡早起的好习惯。"早起"和"早睡"是一对好兄弟，想要宝宝起得早，爸爸妈妈首先要在培养宝宝早睡这一习惯上下足功夫。首先父母在这方面要做出榜样，如果爸爸妈妈喜欢熬夜，孩子的生物钟势必跟着延后，也会养成睡前磨磨蹭蹭不上床的习惯。为了孩子能健康成长，父母的作息时间要有规律。其次是在孩子睡前安排一些安静、有趣的睡前活动，比如放段轻柔的音乐，洗上一个热水澡，然后再做一做睡前抚触，喝一点牛奶，孩子就能顺利地进入梦乡了。另外，孩子的睡眠质量要好，否则只是为准时起床而起床了，整整一天精神状态不好，也不利于学习和参加各种活动。

许多父母都有为孩子负责的习惯，认为孩子不能按时起床是自己的责任，其实这种观念是不正确的。父母长期持有这种想法，孩子就会认为按时起床不是为了自己，而是为了满足父母的要求，这就更会使孩子不积极主动地起床。

在很多独生子女家庭里，本来可以由孩子自己去做的事都被父母代劳了。衣来伸手、饭来张口，连起床、穿衣、玩乐都有人侍候，甚至很多应由孩子自己做的选择和决定都被家长代替。长此以往，孩子就形成了强烈的依赖心理，对自己的事缺乏参与感，总是习惯地等着父母来做，"认为按时起床是父母的事"，这在孩子的思想意识里变得根深蒂固，就很难在行为上有所改变了。

德国神童卡尔·威特的父亲为了使他能按时起床，曾这样对他说:"你必须早上按时起床,否则我会认为你是放弃你的早餐,你要为你的行为负责。"有一次,他起床太晚,超过了规定时间,当他来到餐桌前时,妈妈早已收拾好了一切,并把他的早餐也收走了。他看着父亲,似乎想为自己的过失辩解,但父亲先开口对他说:"真遗憾,我也很想让你妈妈把牛奶和面包留在你的位置上,但我和你之前有约定,不能破坏它。吃不成早餐只能怪你自己。"从此以后,卡尔·威特就再也不晚起床了。

习惯决定性格,性格决定命运。孩子从小养成了良好的习惯,将来这个习惯就会带来精神上和物质上的财富。因为孩子自身拥有了一个优越的系统、一个成功的模式,就会使他的人生愿望的实现变成自动又自觉的行为。

> 父母是天然的教师。他们对儿童,特别是幼儿的影响最大。
> ——克鲁普斯卡娅

避免"拖延"有甜头可尝,孩子才能做事高效

心理学研究表明,人的心理活动就是对外界刺激的相应反应,奖励能帮助巩固已经形成的条件反射,而惩罚则会降低继续坚持做某件事情的动机。孩子的一些不良习惯无论从主观上多么

父母的
情绪影响孩子的一生

想克服,但还是如影随形地在身上不断显现,这是因为这些习惯能让孩子从中获得某方面的益处,尽管有些时候这些所谓的益处孩子自己都没有意识到,但是由于获益的这种神经刺激的持续,不良习惯就自动延续,难以彻底克服掉。

一旦拖延让孩子避开了自己不喜欢的事情,他就会利用各种方式制造拖延,以此来达到自己的目的。

萌萌的父母给她选的是一星期一接的长托幼儿园。在她的意识里,幼儿园有老师管着,还要和其他小朋友一起玩玩具,非常不开心。她经常跟妈妈说自己不想去幼儿园,并且都有很恰当的理由促成这个结果。萌萌常用的方法是,在星期一早晨,让自己变得感冒,不停地咳嗽,甚至会发烧。她用这种方法委婉而有力地表达了"我不想去幼儿园"的想法。一般对生病的孩子,父母都比较宽容,不忍心把孩子送到幼儿园或学校。于是,萌萌逃避去幼儿园的想法就实现了。装病可在家里休息几天,到了下个星期一她会故技重演,又会生病了,这次是肚子痛。一旦父母决定不送她去幼儿园了,病情自然解除。萌萌的父母为此感到头疼,但是又毫无办法。

孩子用生病这种方式不断拖延自己入幼儿园的日期,甚至有的孩子会从春天拖到冬天,有的孩子偶尔去了,又被接回来,断断续续地一年去不了几天。这种因"生病"带来的拖延可以让孩子得到益处——自由自在地在家里玩很久,不必担心去幼儿园了,而家长却不会很在意,因为幼儿园的内容对成年人来说,不

第五章
战胜拖延，孩子的学习生活快乐而高效

过是老师们领着一群孩子玩各种游戏，偶尔唱歌跳舞背诵点儿歌而已，不去也无关紧要。事实上，在孩子的眼里却不是这么回事，这是他们计谋得逞的标志。

人们常在幼儿园看到这样的情景：孩子们扒着栏杆或者赖在爸妈身上不肯进去，有的孩子哭声震天，泪流满面，他们想尽办法要晚一点进去，让爸妈多陪一会儿，想要准时送孩子进幼儿园的父母会想很多办法。如果父母问孩子，你觉得幼儿园怎么样，他可能会说出很多不喜欢的理由，如老师没有搭理他；幼儿园的厕所不好用；幼儿园的饭不好吃；午休时他根本睡不着觉，老师却不让说话；他不喜欢那些简单的玩具；他不喜欢和某某小朋友在一起坐；他不喜欢玩丢手绢的游戏……他有很多讨厌去幼儿园的理由，以此来改变父母送他去幼儿园的想法。这种时候很考验父母的意志力，只要稍一妥协，就会在孩子的心里留下了拖延的目的达成的结果，以后去幼儿园变得更加困难。

一旦孩子拖延去幼儿园的策略成功，使用这种计谋的频率就会大幅提升，很多年轻的妈妈都存在这样的疑惑，为什么孩子去幼儿园就总是生病呢，免疫力好像下降了很多。于是就怀疑起幼儿园的条件、作息时间等，更使孩子不能坚持去幼儿园。

幼儿园是孩子离开父母学习集体生活的第一步，他们面对着未知带来的恐惧，这种不想进入新环境的想法是人的本能反应，父母如何帮助孩子度过这个适应期，对孩子好习惯的形成，长大后的做事方式有着重要的影响。如果孩子的拖延行为不断得到父

父母的
情绪影响孩子的一生

母的认可，他就会经常靠这种方式来表达自己的意愿，而这种行为会随着使用频率增加成为一种固定的思维模式。孩子以后可能会变成一个在什么事情上都拖拖拉拉的人，因为他知道，如果把一件事情拖延下去，会有好的结果出现，他等待着生活给自己送来意外的回馈，而不是通过自己的积极争取，这种想法是十分可怕的。

　　对待喜欢拖延的孩子，有的父母采用讲道理的方式改变他的想法。通过朋友式的交谈赢得孩子的信任和理解，使孩子心里预先设定的结果不能实现，以摆脱他的拖延模式。还有的父母喜欢用最直接的、不容置疑的方式对待。比如，无论孩子怎么哭闹，都要坚持送他去幼儿园，这样的家长看起来似乎是不讲情理，但确也行之有效，直接阻断孩子想通过拖延达到目的企图。

　　骁龙的爸爸在学前班开学时，骑自行车送他上学。骁龙本来坐在自行车的后座上，当爸爸骑到一段上坡路车速减慢时，他突然就跳下来逃跑了。爸爸见状马上停下来，跑着把他逮住，然后把他放在大梁上坐着，把他送到了学校。为了避免类似的事情发生，爸爸在后座支架上安了一种儿童座椅，骁龙坐在里面不能动了，就无法逃跑，每次就这样采用强迫的方式把他送进学校，天长日久骁龙自然也就不再想通过什么方式逃跑了，而是乖乖地去学校上学。骁龙爸爸这种不向孩子妥协的做法，使他成为一个集体观念强、学习效率高的孩子，高中毕业后，他考上了一流大学。

父母在孩子小的时候,要尽量想办法使他适应有规律的生活,消除企图拖延去幼儿园、去上学的想法。这是让孩子杜绝拖延、养成一事一毕习惯的好办法。

任何一位成功者都是快速而高效的行动者,也就是能正确地理解:"时间就是生命,时间就是效率,时间就是金钱"的深刻的内涵。对任何人而言拖延一分钟就是浪费一分钟,这也是毋庸置疑的。只有立即行动才能为自己留有时间的余地,比别人更准确地抓住机遇,父母对这一点要有充分的认识,让孩子从小就学会抓紧时间,做个学习做事效率高、速度快的人。

> 习惯真是一种顽强而巨大的力量,它可以主宰人的一生,因此,人从幼年起就应该通过教育培养一种良好的习惯。
>
> ——培根

让孩子心无顾虑,做作业时才不会拖拖拉拉

孩子不能高质高效地完成家庭作业,父母会认为是他学习态度不端正,上进心不强所导致。其实不然,孩子拖延习惯的形成是由于父母不良情绪给孩子带来了较坏的影响。

孩子内心十分脆弱,父母自身的情绪失控或者说话时不加考

父母的
情绪影响孩子的一生

虑伤害到了他的自尊心,他又没有能力排遣内心的焦虑,拖延就成了他最容易使用的保护伞,如果这方法频频见效,孩子拖延的习惯就形成了,这个顽症会潜在意识里难去除。

能让孩子产生焦虑情绪的莫过于父母的争吵。有的父母会因为各种家中琐事引发争吵,让年幼的孩子觉得他的世界在坍塌、在断裂。在孩子的眼中,自己生活的世界就是爸爸、妈妈和自己。当他看到父母争吵时,心里会产生恐惧和焦虑。这时孩子希望通过自己的努力停止父母的争吵,他希望一家人能够和平相处,那样他才会觉得舒适安稳,但是父母的口角或者争吵会打乱孩子的内心世界,他会通过哭闹,来终止父母的纷争,但是正处在情绪的风口浪尖上的父母不会在意孩子的感受,或许他们能顾及的最大限度就是,不要当着孩子的面吵架,让孩子回自己的房间。当孩子通过自己的主观努力,比如大声说别吵了,或自己哭闹没有效果时,唯一能采用的方式就是对这种事情尽量保持冷漠,为了逃避这种不快,他可能选择了把自己沉浸在某件事情中。如果这个时候孩子已经上学了,父母在吵架时对他说:"不关你的事,你回屋做作业去。"这时做作业是他用来平衡内心焦虑的一种方式,他不想轻易地完成作业,直到父母的争吵停止,他才会慢慢吞吞地完成作业。如果父母经常以这样的情形对待孩子,拖延就成了他逃避内心焦虑的手段,也成了他将自己包裹起来的外壳,以此来获得自欺式的安慰。

女大学生文丽总是在交作业的最后一刻才勉强完成,这使她

第五章
战胜拖延，孩子的学习生活快乐而高效

非常苦恼，从初中到高中她无数次想改掉拖作业的习惯，但是都失败了，大学二年级她要准备考研，但是作业摆在那没做完，她就不能安心复习功课，打开电脑想完成作业，却又总是被新闻、视频所诱惑，拖到要交作业的最后一刻才能抓紧时间完成，结果让大把的时间在既没有复习功课也没有做作业，而是在一些无聊的事情上慢慢溜走了，她为自己改不掉坏习惯非常着急。无奈之下她向心理医生求助。医生让她回忆第一次拖延作业是什么时候，她想了想说，是在小学快毕业的时候。医生启发她把当时的情形讲出来。

"那天下午我放学回到家里，见爸爸妈妈的情形有些不对劲。妈妈似乎在拿纸巾擦眼睛，我问：'你们怎么了？'妈妈马上说：'没怎么，你去同学家写作业吧。'妈妈从冰箱里拿出一盒酸奶和一块小蛋糕放在我的手上。我拿着这些食物出去了，但是我站在门外没有走，把耳朵贴在门缝上听，传来爸爸的吼声，说的是妈妈不该私下里借钱给舅舅。妈妈很生气，说只是借，又不是给，两人越吵声越大。我很害怕爸爸妈妈打起来，挥着拳头敲门。敲了好一会儿门没开，再仔细一听，爸爸妈妈不再吵了，我这才转身到同学家去。我人在同学家，心里却想着爸爸妈妈在吵架，同学在写作业，我却拿文具盒里的一支笔乱画，玩了很久才写作业，草草地写完后回家了。从爸爸妈妈这次吵架以后，我便经常拖延家庭作业。"

心理医生得知这个情况，就弄清了文丽拖延症的病因，对她

父母的
情绪影响孩子的一生

进行了三个月的心理治疗，才逐渐摆脱这种心理疾病。文丽后来学习的态度有了非常大的改变，本科毕业顺利考上了所在大学的研究生。

由于拖延可以回避内心的焦虑，这个习惯一直延续下来，等到孩子长大了，仍然会严重地影响自己的学习效率。当拖延这个无形的保护伞变成身体的一部分，想要摆脱时，内心却充满了疼痛，当年那颗用来起保护作用的种子在心灵扎下了根，心灵的天空就会变得乌云难散。

父母在产生矛盾时，要关注到孩子的感受，无意中用言行埋下的种子，都可能会影响到孩子的未来。如果父母无意中已经给孩子留下了类似的影响，更要敢于面对形成拖延的真正原因。帮助孩子的内心强大起来，摆脱如影相随的拖延习惯。

有一对兄弟，哥哥8岁，弟弟6岁。两人一起在美术班学习国画。由于年龄的原因，哥哥的接受能力比较强，每次交的作业都比弟弟画得好，哥哥经常会经常对小朋友说："你看他画的是什么呀，乱糟糟的一片。"兄弟两个在家画画时，妈妈也经常称赞哥哥画得好。时间长了，弟弟完成作业的时间越来越长，他希望自己能跟哥哥画的一样好。如果爸爸或者妈妈拿起他的画看时，他总是抢过来说："我还没有画完，现在还不好看。"即便是画完了，他也不想让别人看，他总是说自己还没有画完。有时只差一两笔就画完了，可是他就是放着不画，他不喜欢听别人夸哥哥的画好看，自己的画难看。他选择拖延来保护自己的自尊心不

第五章
战胜拖延，孩子的学习生活快乐而高效

受伤害。

现在国家已经放开二孩政策，把非独生子女的教育问题又摆在了父母的面前。如果老大非常优秀，无疑会给老二形成压力，因为自然生长的因素决定了人的智力增长是具有阶段性的，父母要注意年龄小的这个孩子，会因为年龄大的那一个已经懂事从而使小的孩子变得气馁的这种情况，不要像上例的弟弟那样，为了保护自己的自尊心养成拖延的习惯。

拖延的习惯一旦养成，会给孩子造成巨大的心灵痛苦和精神折磨，学习任务不能很快完成，也许并不是因为课程有多难，会是因为对自身能力产生怀疑，思维处于混乱状态，造成了自我效能感低下。孩子没有成功经验的累积，就会认为自己无法完成眼前的任务，在判断力扭曲的情况下，会将困难放大，阻隔了完成任务的信心，而不成功的挫败感会让孩子在人生道路上遇到困难时望而却步。可想而知，父母保持孩子无忧无虑的心态，培养积极乐观的人生观该有多么重要。

> 儿童能力初期萌芽是尤其可贵的，我们引导儿童初期自然趋向的途径能固定儿童的基本习惯，能确定后来能力的趋向。
>
> ——杜威

父母的
情绪影响孩子的一生

引导青春期孩子,走出用"拖延"联结友谊的误区

　　青春期的孩子有许多想法在心理萌动,情绪和行为都处于不稳定状态。他们自认为自己长大了,尤其是男孩子要像影视剧中的人物那样称兄道弟,以此摆脱对父母的依赖和陪伴。如果这个阶段没有朋友或者是被同学孤立,就仿佛落入了人间地狱一般绝望。有了这样的心态,就特别需要来自同学或某个小集体的认同,为了获得这种归属感,有些学习成绩好的孩子会刻意地去"随大溜",不那么认真努力地学习了,表现出不修边幅的拖沓,以此来获得朋友、获得大家的认同。他们会认为做事磨磨蹭蹭、交作业时拖拖拉拉的,是和同龄孩子保持一致的炫酷风格,于是就出现了成绩好的孩子向普通同学趋同的现象。

　　有句古语说得好,"木秀于林,风必摧之;堆出于岸,流必湍之;行高于人,众必非之。"青春期的孩子受周围环境影响,有可能因为某个小集体的不认可而丢掉自己作为优秀学生的特质。以成年人的眼光来看,这么做是不对的,但是以青春期孩子的眼光来看,不仅是正确的,也是非常必要的。因为他们非常渴望得到别人的认可,尤其是来自朋友的认可。如果这个时期的孩子不能与大多数同学融为一体,内心的无助感是成年人无法体会

第五章
战胜拖延，孩子的学习生活快乐而高效

的。极少有青春期的孩子说自己喜欢清净和孤独，喜欢享受无限风光在顶峰的感受。然而，身边围着一帮朋友，不仅可以体现自己的存在感和价值感，还会觉得特别有面子。如果能与朋友一起不交作业，一起迟到，一起做无聊的事情，比其他什么事情都重要。在这些孩子的眼中，拖延当然是值得的，因为这个习惯可以让自己和大家保持一致，可以让自己拥有珍贵的"友谊"。

宏博是个学习成绩非常好的初中生，考试从来没有掉过班级前三名，偶尔也会拿到学年第一的单科成绩。正所谓曲高和寡，他不太受同学的欢迎，看着同学们一起出出进进，下课、午休时打得一片火热，他非常羡慕，课间休息几次想加入班里的足球队，与大家一起踢球，但是队长说队友之间很默契，不让他这个"个色"的人加入。宏博自己并不知道大家排斥他的真正原因，父母也以为孩子性格内向不合群，也没往心里去。但是，宏博的苦闷却让他越来越难以忍受。

后来宏博发现，班级足球队的同学个个比较酷，他们每每都是吊儿郎当一副懒散的样子，上课铃响了才拿着足球大大咧咧地进来，早自习经常迟到，甚至根本就不上，课后作业也是爱做就做，不爱做就不做。宏博太想与他们混在一起了，于是就不再那么自觉地完成作业，凡事都拖拖拉拉地耍酷，直到老师催促的时候，才交上一份并不太认真完成的作业。宏博这样做了以后，他和同学们的差距小了许多。足球队长也让他加入足球队踢球了，为了表示对他的欢迎，还把原来的一位球员开了。宏博拥有了这

> 父母的
> 情绪影响孩子的一生

帮朋友，每天变得很开心，性格也开朗起来了。宏博的代价是，学习成绩下滑到了中等生的水平，临近中考时，老师和家长都开始为他的成绩担心。

父母和老师轮番找他谈话，希望他收一收心，争取考上重点高中。为了让父母安心，让老师放心，同时也为了以后能考上好大学，宏博决心好好学习，克服作业故意拖延、上课迟到的做法，又恢复了一个好学生的模样。他的成绩也迅速回升，回到了年级拔尖的位置，但是，他几乎是一瞬间就失去了"友谊"。那些往日和他一起踢足球的同学又不搭理他了。这些同学没有觉得宏博有多么不好，只是他们觉得比不上他，也就没有共同语言，更不想和他一起玩了。

青春期的许多孩子都有类似的苦恼，那些充满叛逆的同学，每天以拖拖拉拉的样子装酷，与父母、与老师唱反调，他们不能容纳那些和他们不一样的，也就是学习成绩好的同学。青春期的孩子，对于是非处于似懂非懂的年龄段，总有一些让人不理解的想法和举动。学习好的孩子由于经常受到表扬和称赞，在同学当中长期处于孤立的状态，时间久了，他们的思想意识里会产生一种莫名其妙的自卑，认为自己的成功是对别人的伤害，于是就会选择拖延来维持和大家无害的竞争关系。像宏博就是以不完成作业、迟到等失败行为取悦于同学，维持良好的同学关系。对于像宏博这样的青春期孩子，拖延虽然不是自幼形成的习惯，但是，这个习惯如果不及时改变，就会伴随他整个人生历程。

第五章
战胜拖延，孩子的学习生活快乐而高效

父母如果发现孩子有改变自己准时、不拖延、守纪律的苗头，想以此获得同学的认可并拥有朋友这种现象时，要认真地与孩子沟通，让他懂得自己的优秀并不危害任何人，保持自己的优秀依然可以拥有朋友和良好的人际关系。不必用拖延、不遵守时间的行为向别人趋同，只要积极进取，人际关系自然会更上一层楼。

> 教育中执行纪律的动机必须始终是为了品德和智力的发展。
>
> ——罗素

第六章
善于纠错:肯定与批评兼用效果好

孩子犯错时最容易引发父母情绪失控,比如,孩子与小朋友打架、受好奇心驱使拿了别人的东西、因不小心损坏了公共物品等,父母得知后肯定会火大气盛。这时非常容易把为孩子纠错的行为变成自身情绪的释放,其实,父母的所说所做不能达到让孩子认识错误、改正错误的目的。父母切记:为孩子纠错要变急躁为舒缓,变直来直去为委婉劝说,变严厉批评为先肯定后教导,将曲直并用、扬抑结合、内应外助的十八般武艺全路开通,方能让孩子茅塞顿开、知错必改。

父母的
情绪影响孩子的一生

孩子行为跑偏,用赞美优点把他拉回来

每个孩子在成长的过程中难免犯下这样那样的错误,但是,这并不代表孩子的本性有多么恶劣。有时候,他们不知道自己做的事是对的还是错的;有时候是出于好奇想试一试那些本来不对、不应该、不能够去做的事情;有时候是因为动机是好的结果却做了错事。如果父母不问缘由地批评、斥责孩子,会造成孩子心理上的误解,认为父母不信任自己,还有可能造成孩子破罐子破摔的现象,在心底形成一种错误认知:我总是让爸爸妈妈失望,我是个不长进的孩子。可想而知,长期生活在不安和被否定的环境中,孩子真有可能变成了一个坏孩子。但是从心理学上讲,每个孩子都有学好的意向,都想成为人人称羡的好孩子,这需要父母给以正确引导和精心培养。

美国男孩希尔小时候任性、淘气、不爱学习,因此他从小就被认为是一个坏孩子。谁家的牛跑了,谁家的树被砍倒了,谁家的堤坝出现了豁口等意外之事,人们都会说:"不用问,这肯定

第六章
善于纠错：肯定与批评兼用效果好

是坏孩子希尔干的。"当人们开始把一些坏事赖在他头上时，希尔会为自己申辩几句，但没有人肯相信他。在邻居们的眼中，希尔从小没有母亲的管教，无拘无束，经常干些搞破坏的事。到后来就连希尔的父亲和哥哥都这么认为。事实上希尔没有那么坏，许多事情真的不是他干的。由于没有人肯听希尔的解释，也没有人相信希尔的无辜，在被冤枉了几次之后，希尔干脆对别人不公正的说法置之不理，照样我行我素。

就在家人对希尔不抱任何希望的时候，情况突然出现了转机。在希尔9岁那年，父亲再婚，当继母站在希尔面前时，他像个童子军一般站得笔直，双手交叉放在胸前，表现得很有礼貌。但是，父亲在向继母介绍他时却说："这就是希尔，全家最坏的孩子。"心地善良的继母并没有因为父亲的话歧视他，而是把手轻轻地放在希尔的肩上，眼里闪烁着慈爱的光芒，她说："最坏的孩子？一点也不，他是全家最聪明的孩子。"继母的这句话像一束灿烂的阳光照进了希尔渴望被公正对待的心田。继母进家的这一天，是他生命中最快乐的一天，他牢牢地记住了继母把手放在自己肩上那一刻的感受——他感激继母，因为她不像其他人那样厌恶他，而是怀着善良公正之心关爱他。

从此以后希尔变了，他不再调皮捣蛋。有一天，莫扎西大叔特地登门道谢说："如果不是希尔冒着危险帮我拦住一头奶牛，说不定它会冲上公路而酿成交通事故，那样我家的损失就大了。"继母听了这句话，把希尔搂在怀里流下了激动的眼泪。希尔不知

父母的
情绪影响孩子的一生

道继母为什么会流眼泪，做这样一件事不是很简单的吗？直到他听见继母和父亲的谈话才知道，这件事有多么重要。继母说："现在我可以肯定，希尔会变得越来越好，说不定将来会有大出息。"父亲反问道："就凭他以前故意放走别人家的奶牛，今天去帮助别人拦住一头奶牛？"继母十分肯定地说："对，像他这样的顽皮的孩子，如果教育得当，会成为同龄人中的佼佼者。"听到继母这样评价自己，希尔暗下决心，不能辜负继母的希望，一定要成为一个有所作为人。

13岁时，希尔开始了写作生涯，20岁时已经成为著名作家。再后来成为全美家喻户晓的成功学家。

当孩子做错事以后，通常情况下父母会犯这样的错误：不先听孩子把事情说清楚，就武断地臆测事情的真相，甚至控制不住情绪打骂孩子，还有的父母趁机揭孩子的老底，把孩子过去的错误统统翻出来，扣大帽子，攻击孩子的人格。家长这样做的原因只有一个：孩子以前曾经犯过类似的错误，所以便以惯性思维做出错误的判断，把实事求是的处事原则抛到了脑后。事实上，孩子在任何时候都需要父母真实准确的评价，得到具体有力指导和帮助。

如果孩子确实做错了事，应该采取平和的交流方式弄清事情的来龙去脉，以客观的态度做出评价，发现孩子在犯错的过程中做对了的那个部分，如好的动机、好打抱不平等积极因素，先进行正向肯定，再开始对错误的部分进行严厉的批评教育。孩子改正错误后,要给予口头表扬,还要给一些适当奖励,使孩子增强上进的动力,向更好的方向发展。

> 错误就像浮在水面的稻草,要想寻找珍珠就得潜到它的下面。
>
> ——德莱顿

想纠错,先转化孩子的负面情绪

孩子做错事时一般都会受到人文环境的反制,如在学校扰乱了课堂秩序会受到老师的批评,与同学打架会遭到同学家长的控告等。受到了反制的孩子,内心会产生更为强烈的情绪冲动,他会把火气发到家人的身上,说话时大喊大叫,扔书包、踢东西、摔门是经常采用的宣泄方式。在孩子处于这种强烈的情绪冲动时,他不会接受任何正确意见,更听不进去父母的建设性批评。如果父母见到孩子如此不理智时,自己先发脾气情况就会变得更糟,最后的结果是大人叫、孩子哭,其惨状使人目不忍睹。

在孩子处于如此恶劣的情绪状况时,怎么才能使他平静下来正视自己的问题呢?这就需父母要以静制动,首先弄清楚孩子这时的心理需要是什么,只有"按病开方",才能使问题得到很好的解决。

父母的
情绪影响孩子的一生

在外面犯错又受到反制的孩子,整个心胸都被负面情绪填满,这时希望父母能明白他的心情有多么糟糕,希望不用完全说出自己的遭遇,父母就能够理解——他的坏情绪表现出一个苗头,父母就能猜出剩下的部分。但是,十分可悲又可怜的是,父母完全不知道这个时候孩子的需要,也因此不能正确地安抚孩子激烈的情绪,反而被孩子弄得怒火中烧,一派乱象就出现在家庭中了。

男孩天骄的妈妈下班回到家,还没来得及脱掉鞋子,正在读初中二年级的儿子就从书房中冲出来大声地嚷嚷:"语文老师布置的作业太多了,我怎么可能在明天上学之前写完这篇议论文呢?昨天留的一篇记叙文,我今天早晨没交,她就把我叫到教研室狠狠地批了一顿,我恨死她了。"妈妈听了天骄的话立刻失去了冷静,冲他喊道:"我的上司和你的老师一样可恶,但是你听到我抱怨了吗?怪不得老师对你发狠,你从来不能按时完成家庭作业……你就是懒,别再抱怨了,赶紧做作业去。"听了妈妈的斥责,天骄怒气冲冲地上楼回到了自己的卧室,把门反锁上。累了一天的妈妈,发完火赶紧到厨房做晚饭,锅碗瓢勺交响曲终于让她平息下来,做好了饭菜喊天骄下楼来吃饭,他就像没听见一样,一声不应。妈妈又是怒火心中烧,上楼去狠敲他卧室的门,边敲边骂他不懂事,学习不努力,不听爸妈的话……天骄终于被骂了出来,两人又对喊了一阵子,直到天骄爸爸回家才熄火,但是整个晚上家庭气氛都被毁掉了,每个人都很烦躁,妈妈也觉得

第六章
善于纠错：肯定与批评兼用效果好

很内疚，但是不知道如何才能收场。

天骄的妈妈正确的做法是，首先对孩子的心情表示理解，承认他在语文学习方面遇到了困难，说一句："现在的老师把学习都抓得很紧，儿子读书也不容易呀。"这样顺着孩子的心情说一句，他的情绪马上就能得到缓解，然后主动地帮他找一找资料，讲解一下写议论文的要点，帮着他把作业快些完成，一切都OK了。

孩子未成年，还没有养成敞开心扉和父母交谈的习惯，不知道采取适当的方法排遣坏情绪。

父母应该充分理解孩子在愤怒的外表下所隐藏的担心、失望和无助，针对他的行为做出应有的正向反应，理顺他心烦意乱的情绪，帮助他解决所遇到的难题；相反，父母如果说"你不该……你必须……"像下达命令一样"戗"着他，不仅不能平息孩子强烈的情绪，语言的反向作用力还会使负面情绪的影响越来越大，情况变得更加糟糕。

面对孩子受制于自身的负面情绪，表现得近乎歇斯底里时，父母极有可能受孩子言词、行为的刺激变得不可理喻。这对于孩子而言则是形成了情绪灾难，不仅要承受自己的负面情绪，还要面对父母的负面情绪形成的打击，这样的双重负担是他难以承受的。因此，父母在面对孩子的负面情绪时，要保持冷静。尽管父母的内心是十分爱孩子的，可由于负面情绪没有得到控制，表现出来的却是全然的否定、责备，这会让孩子听不进去父母所讲的任何话，只关注父母情绪化的外在表现，使孩子认识错误并加以改正的机会白白溜走。

转化孩子的负面情绪是对父母心理素质的更高要求。一是要凡事往积极方面想，还要细心察觉、体察孩子的情绪变化；二是确认孩子负面情绪产生的原因，循序渐进地引导孩子释放负面情绪，做到这两点，才能让孩子的情绪天空晴朗起来，使他正确面对产生负面情绪的根源，改正自己的错误和不足之处。

> 教育之要点，当天逾养成儿童正确精神之思想能力。
>
> ——叶圣陶

善于启发引导，孩子总有承认错误的那一天

每个家长都希望自己的孩子非常优秀，少犯错误少让自己操心，最好不犯错误。但是，这样高的期望基本上会落空，因为很多孩子在青少年时期"大错不犯，小错不断"，家长也因此操碎了心。其实父母要正确对待孩子犯错，一个总也不犯错误的孩子其心灵是不能长大的。

有教育专家惊奇地发现，那些小错误不犯的孩子常常犯大错误。究其原因，是没有犯错的经验，不知道怎样避免犯大错误。

第六章
善于纠错：肯定与批评兼用效果好

孩子不断"犯错误"的过程，正是其不断改正"错误"、自我完善的过程。假如不给孩子犯错的机会，他们的性格会变得自卑懦弱，在处理问题因对道德观念、行为准则的缺乏理解而优柔寡断，从这个意义上说，犯错误是孩子的权利，也是孩子成长的资源，在父母眼里的一些错误，对孩子来说是成长中必经的体验。因此，父母的关注点不应放在孩子是否犯错上，而是应该放在如何对待孩子犯错，使之能改正错误，提高认识事物、辨别是非的能力。

当孩子犯错误时，父母着急发火，会增加孩子的畏惧感，使得两代人之间形成严重的隔阂，孩子即便嘴上认错，心理却不服气，这种状态下所犯的错误不能得到真正的纠正，发展下去，当初看似不太重要的小错却会一步步酿成大错。父母面对孩子犯错时，首先应当冷静下来，分析孩子为什么会犯这个错误，这个错误不纠正会引起什么后果，在纠正时采用什么方法，把这些问题想清楚才能应对自如。

著名的马克思主义者、伟大的革命家列宁，小时候是个非常顽皮的孩子。8岁那年，妈妈带他到姑姑家做客。活泼好动的列宁一不小心，把姑姑最喜欢的一只花瓶打破了，只是当时没有人看见。当姑姑发现花瓶破了以后，她问孩子们："是谁把花瓶打碎了？"孩子们都摇头说，"不是我打碎的"。列宁因为是来姑姑家做客的，怕说出实话遭到责备，所以他也小声回答："不是我。"说完这三个字马上把头转向了一边。这个很心虚的动作没

父母的
情绪影响孩子的一生

有逃过妈妈的眼睛，当时就断定花瓶是自己的儿子打碎的。因为列宁是个特别淘气的孩子，在家里也经常打破酒杯和盘子什么的。但是，每次他都能主动承认错误，从来不撒谎。今天是怎么了呢？

列宁的妈妈当时想，是直接揭穿这件事严厉地惩罚他，还是等他自己承认错误。经过认真的思考，妈妈选择了后者。她要等待时机，想办法教育儿子犯错误后要勇于承认，做一个诚实的人。

打定主意后，妈妈装出相信儿子的样子，在很长时间内一直没有提起这件事，但是每当儿子让她讲故事的时候，她就专挑诚实守信的故事讲。启发儿子从内心深处认识到撒谎是不对的，要主动承认错误。

妈妈这样做了以后，列宁变得心事重重，没有承认自己打碎姑姑花瓶的事一直在折磨着他。

有一天晚上，妈妈又像往常一样，拿一本书给他读故事。列宁突然哽咽着哭了起来，抽泣着告诉妈妈："我欺骗了阿尼亚姑姑，她的花瓶是我打碎的，但是我没有当着她的面承认，我错了。"见儿子承认了错误，妈妈耐心地对他说："好儿子，你是好样的。犯错误不要紧，知道悔过就是好孩子。赶快给阿尼亚姑姑写封信，向她承认错误，姑姑一定会原谅你的。"

列宁拿出纸笔，在妈妈指导下写了一封信，向姑姑承认了自己的错误，并恳求她的原谅。

第六章
善于纠错：肯定与批评兼用效果好

过几天以后，列宁收到了姑姑的回信。在信中，她不但原谅了列宁，还称赞他是个诚实的好孩子，能够知错就改。

孩子的心灵十分敏感，也很要面子，如果父母不讲究方法直来直去地纠错，对孩子的心灵会造成伤害。列宁的妈妈纠错的方法就非常讲究实效，她没有当面揭穿儿子的谎言，回到家里也没有直截了当地摆明儿子撒谎的事。而是通过讲故事让儿子明白做人必须诚实，勇于承认错误并及时改正，这种方法虽然用时长，也比较费心思，与现在一些教育专家所强调的"纠错要及时"的观点有些相悖，但是却抓住了问题的实质，让儿子从心灵深处认识到撒谎是不对的，必须改正，而且以后不犯此类的错误。

当孩子犯错时，家长采取冷处理的方法，往往比兴师动众更有效，因为家长的过度紧张会使孩子加深对错误的印象，难以真正认识自己错误的性质，适当地保持沉默，再通过启发、引导的方法让孩子认识到这些错误，并在反思这种错误行为的同时，心甘情愿地改正。当然，这种方法并非适合孩子犯的任何一种错误，如果孩子对同一个错误屡教不改，或者是涉及面比较广，发展下去有触犯法律的可能，父母必须采取教育和惩罚相结合的方法，取得立竿见影、以后绝不再犯此类错误的效果。

> 教育的最终目的，就是为了明辨是与非、真与伪；并使人倾向于善与真，排斥恶与伪。
>
> ——山缪·约翰逊

父母的
情绪影响孩子的一生

先肯定长处,再给孩子纠错效果好

中国青少年研究中心副主任、研究员孙云晓教授说:"成功的父母与失败的父母的区别在于,前者把孩子对的东西挑出来,把他的优点挑出来,而不明智的父母,满眼看到的就是孩子的缺点。"父母在为孩子的某项缺点感到头疼时,要调整自己的思维方向,采用先扬后抑的方法给孩子纠错,能使孩子顺利接受自己的意见。面对有许多小毛病的孩子,更要竭力去寻找孩子的闪光点,哪怕是沙里淘金,哪怕是微不足道,都要真心地去赞扬、鼓励、引导,然后对存在的问题给出改进的建议。

有一天,龙龙的妈妈一回家就听到爸爸正在训龙龙:"没收拾好自己的东西,就跑出去玩。跟你说了多少次了,怎么老是把玩具摆一地!"

爸爸越说越气,又开始批评龙龙的其他毛病,比如好耍脾气、贪吃等。

妈妈看在门边站着的龙龙嘟着嘴,满脸不服气的样子。为了缓和一下气氛,妈妈说:"龙龙是有不爱收拾东西的缺点,他自己应该知道那样做是不对的。可是龙龙身上也是有优点的呀。"

龙龙的爸爸听妈妈这样说,明白了她的意思,说:"是啊,

第六章
善于纠错：肯定与批评兼用效果好

有缺点也不要紧，只要能改正就好。其实龙龙的优点是很爱劳动，喜欢主动帮助别人。"

妈妈接着说："还有呢，脑子比较灵，学东西很快。"

本来龙龙以为妈妈也会像爸爸那样批评自己，没想到妈妈竟然夸奖自己。他被爸爸妈妈的几句好听话说得有点不好意思了。

这时妈妈对龙龙说："你有这么多优点，我们也很为你高兴，如果你能把自己的缺点改掉，那么龙龙一定会是个了不起的孩子，幼儿园的老师和小朋友也会对你刮目相看的。"

龙龙听妈妈这么说高兴地点了点头，马上把摆在地上的玩具收拾好了。

后来龙龙的爸爸妈妈用这种先表扬后建议的方法，让他改掉了不少小毛病。

龙龙的妈妈成功地运用了扬抑结合的方法帮助孩子改正了小毛病。事实证明这种方法在教育孩子方面确实有很好的效果，有教育专家经过认真研究，把这种方法概括为"三明治式批评法"和"反弹琵琶批评法"。

"三明治式批评法"的基本结构是：肯定——批评——鼓励。这种方法的功能主要在于消除孩子的防御心理和后顾之忧，维护受批评时的自尊心，从而使孩子认识错误，并以积极的心态改正不足之处。父母在使用的过程中要使这三种作用充分发挥，并将基本结构进行较为灵活运用。可以根据不同的情况扩大或缩小其中的某一部分，也可以把批评分几次加在肯定和鼓励之间，但不能改变各部分之间的先后次序，否则批评的积极作用就发挥不出来，甚至产生事与愿违的结果。

"三明治式批评法"要求父母在每一个部分中都要投入对孩子的关爱之情。做到"肯定"真诚可信，"批评"语重心长，"鼓励"充满希望，让孩子切实感受到自己不是在接受批评，而是在接受父母的劝告，从而使自身行为更加完善，成为一个不断进步的孩子。

"反弹琵琶批评法"是指，父母不不直接批评孩子的过错，而是充分肯定和表扬他的优点，使孩子经过自我反省进而认识过错、改正过错，这种方法类似人们常说的反弹琵琶。

"反弹琵琶批评法"会引起孩子产生心理反差、失衡。在一般情况下，孩子犯错误后就会预见到被父母批评，如果正如他料想的那样，马上给予严厉的批评的话，孩子的心理认知上会出现"虽然我犯错误了，但也受到批评了"的心理平衡。"反弹琵琶批评法"是在孩子犯错误之后，指出优点给予充分的肯定和表扬，这样就会造成孩子的心理失衡。在得到父母意外肯定和表扬优点之后，为了回归心理平衡就会进行自我反思："我有这么多优点，所犯的错误与过去给父母的印象不相符呀！"为了让自己的心理达到新的平衡，孩子就会下定决心改正错误。

"反弹琵琶式批评法"具有很强的感化作用。孩子犯错之后，心理比较脆弱，甚至会产生自卑、挫败、戒备、恐惧和对立的负面情绪。父母运用"反弹琵琶批评法"就会使孩子感觉到，虽然自己犯了错误，但父母并没有批评自己，反而鼓励自己，幼小的心灵就会被感化，从而能真心悔过，改正不足之处。

美国著名心理学家马斯洛说过："人性中最深切的本能是对赞赏的渴求。"先表扬，后批评的做法之所以易于被孩子接受。首先是用表扬满足了孩子被赞赏的渴望，孩子一高兴，批评的话也能进到心理去了。父母在教育孩子的过程中一定要坚持"以表扬为主，以批评为辅"的原则，用"良言一句三冬暖"的"良言"抚慰、温暖、鼓励孩子。

> 教育技巧的全部奥秘也就在于如何爱护儿童。
> ——苏霍姆林斯基

静下心来，给孩子申诉的机会

美国成功教育学家拿破仑·希尔曾经说过："每个孩子都有许多优点，而父母恰恰相反，总是盯着孩子的缺点，认为管好孩子的缺点，才能让孩子更好地成长。其实，这样做就像蹩脚的工匠，是不可能造出完美的瓷器的。"父母在教育孩子方面，要想做一个技艺高超的"工匠"，就要对孩子的所做所想摆出客观公正的态度。

父母的
情绪影响孩子的一生

处于成长阶段的孩子，对事物的判断能力、明辨是非的能力虽然不是很强，但也有自己独特的思维方式。他们每做一件事，都有自己的理由和想法。因此，当孩子做了父母意料之外的事，父母应该冷静下来，尊重孩子的人格尊严，给孩子申诉、解释的权利，了解他们的思想动机，然后因势利导，帮助孩子提高认识问题的能力。

孩子把自己想说的话说出来，使父母对孩子所做的事有一个更全面、更清楚的认识，对孩子的批评教育也会更有针对性，让孩子心悦诚服地接受批评。

不管孩子是否真的做错了事，家长不问事情的真相，把责任全都推到孩子身上，一味地进行批评和处罚，会让孩子对父母产生不信任感，甚至是逆反心理。

父母不要一看到孩子做了不顺自己心意的事就劈头盖脸地责骂他们。不管什么时候、什么事情，一定要给孩子解释的机会，让孩子把事情说清楚，然后再下结论。

小杰的妈妈是一家外资企业的高管，她的工作非常忙，有时根本顾不上照顾自己的孩子。后来，她把小杰的姥姥从家乡接过来，一是让老人帮忙照顾孩子，二是让妈妈享受一下城里的生活。

小杰是个非常懂事的孩子，自从姥姥来了以后，每天带着姥姥出去散步，还用自己的零用钱给姥姥买鲜花。姥姥高兴得逢人就夸："我都活了60多岁了，还是头一次有人给我送花呢。"

第六章
善于纠错：肯定与批评兼用效果好

有一天，小杰的妈妈下班刚进门，就看见客厅的一个铁笼子里有一只小白兔，抽了几下鼻子发现家里有一股腥臊味，就训斥小杰："马上就要考初中了，还有时间弄这些东西？烦死了！"小杰正要向她解释，可是她却不容分说地继续责备道："赶快把这些东西给我弄走……别解释，我不想听！"说完就要把笼子提起来放到了门外。这时，小杰的眼泪一下流了下来，他好像还要说什么，但是又什么也没说，一转身回到了自己房间，把门重重地关上了。

小杰的样子让妈妈更生气了，刚想要追过去再训斥一顿，小杰的姥姥过来对她说："别骂孩子了，这是他给我买的，他说怕我一个人在家寂寞，才买来了这只小白兔来陪我的。孩子也是好心，你要是不喜欢，可以好好跟孩子说，明天把它送给别人，不要再骂孩子了。"

妈妈很后悔自己不听小杰的解释就一通责骂。她推开儿子的房门，看到他正趴在床上哭。她走过去坐在床边，对儿子道歉说："妈妈错了，不该不听你的解释，以后我会改的。"

很多父母认识不到倾听孩子申诉、解释的重要性。孩子一旦做了在父母看来不符合逻辑的事，总爱以成人的思维方式去评判孩子，把自己的意愿强加给孩子，不给孩子申诉、解释的机会，有的父母还会气上加气，"你还想狡辩？反天了是不是！？"或者对着孩子大喊："住口！"父母这样武断、专横地对待孩子，怎么能想象得出这时候的孩子该有多么委屈。

父母的
情绪影响孩子的一生

　　如果孩子经常被呵斥"你不用解释",那么,他们会渐渐放弃为自己辩解的权利。孩子背负着很多的委屈,一个人默默承受,如果这样的精神负担非常沉重,可能会造成孩子出现严重的心理问题。做父母的千万不能因为孩子小,就疏忽了他们阐述自己看法的权利,一味地指责和粗暴地说教不能真正解决问题。如果通过孩子申诉,发现孩子做对了,而自己错怪了孩子,就应承认错误,支持鼓励孩子;如果孩子认识上存在误区,家长就要循循善诱地进行启发和开导。

　　父母相信孩子,给他申诉的机会,孩子以友好的态度提出所做事情的理由,父母的想法或决定也要随之改变。如果孩子是在胡搅蛮缠,或者是在进行不合理的申诉,父母则不必理会。这是以必要的方式让孩子清楚:申诉是有界限的。如果孩子真有好的理由,就要重新考虑,做出合理的决定。如果听孩子的申诉成为家里的一个习惯,就会减少很多冲突,孩子会因为自己赢了感到开心,并不会损害父母的可信度。

　　孩子的申诉是对父母权威的约束,阻止父母的权威不能滥用。而孩子申诉的理由必须是正当理由,不能是主观感觉或某种任性之为。如果孩子是进行无正当理由的申诉,父母要坚决拒绝;如果孩子始终能正确运用申诉,他们会提升自己的可信度,不论在家里还是将来到了社会上,都可以让自己得到更公平对待,保证自己的人格尊严。

　　父母倾听孩子的申诉,这不是放纵孩子的行为,也不能视作是听任孩子的狡辩,这是一种家教的艺术。

> 儿童需要管教和指导,这是真的,但是如果他们无时无刻和处处事事都在管教和指导之下,是不大可能学会自制和自我指导的。
>
> ——林格伦

勤思考,做最懂惩罚艺术的父母

前苏联教育家伊·安·凯洛夫说:"没有惩罚,就没有教育。"惩罚是对某种行为给予否定性的评价,使他因受到警示控制不良行为的发生。惩罚虽然是使孩子改正错误的一个最重要的方法,但惩罚不等于体罚。在关于如何惩罚孩子方面有这样一个最经典的案例,那就苏格兰男孩约翰·麦克劳德在上小学时候受到了校长的惩罚的事例。

有一天,麦克劳德突发奇想,想看看狗的内脏是什么样的,于是他和几个小伙伴偷了一条狗杀了。没想到,这条狗是校长韦尔登家的宠物。当他知道自己心爱的狗被学生杀了后非常生气,但他还是强忍怒火问麦克劳德:"你为什么要杀这条狗?"他回答说:"我只是想看看狗的内脏。"校长恍然大悟,原来是好奇心驱

父母的
情绪影响孩子的一生

使他和同学杀了这条狗。是惩罚还是放弃惩罚？校长考虑再三，他还是决定惩罚这个小男孩：他罚麦克劳德画一张骨骼结构图和一张血液循环图。麦克劳德自知做错了事，便认真地画好了两幅图交给校长。校长看后认为画得很好，决定不再追究这件事。麦克劳德一生对这次惩罚念念不忘。他经常说："正是校长这次特殊的惩罚方式，让自己对医学产生了浓厚的兴趣。"由于在人体糖代谢方面的贡献，麦克劳德于1923年荣获诺贝尔生理学医学奖。

惩罚能在孩子的内心深处引起羞愧、痛苦、焦虑、畏惧和悔恨，从而使自己主动分清是非善恶，并通过意志努力去纠正不良的行为习惯。心理学研究表明，一定程度的紧张焦虑和畏惧是孩子产生内驱力的一个源泉，而内驱力是使孩子产生良好行为的一种动力。这种动力对孩子的成长非常有利。因此，父母在孩子教育的过程中要开动脑筋，以就事论事的方式找到最有效的惩罚方法。

新西兰一个男孩子喜欢往花园的鱼池里扔鹅卵石，并且屡教不改，爸爸决定采用特殊的方式惩罚儿子。当男孩子再往鱼池里扔石头时，爸爸对他说："你看看，你把小鱼砸痛了，把水池弄乱了。水池不漂亮了吧。"说完后爸爸要求儿子把水池里的石头捡出来。有的时候，儿子可能也会耍赖，不肯下去捡石头。爸爸也不强迫他去捡，而是自己下去把石头捡出来给儿子看。如果正好碰上儿子闹着要爸爸陪着玩，爸爸就会借机对儿子施行教育："你看看，你把石头扔进水池了，现在我要去捡石头，没有时间

第六章
善于纠错：肯定与批评兼用效果好

陪你玩。"这时候，儿子会体验到他不良行为的后果。于是，他明白了，自己真的不该把石头扔进水池了。爸爸通过这种惩罚使儿子改正了坏习惯。

惩罚孩子可用各种各样的方式方法。当孩子不守规矩，经常犯同类错误时，父母要根据孩子犯错时的此情此景，以此错非彼错来认真思考惩罚的方法，只要能让孩子心灵受到触动，为改正错误起到警示作用这个方法就是最有效的方法。

韩国的父母经常用没收孩子的手机惩罚孩子。一家机构的调查结果显示，在韩国的13到15岁的孩子中，有77.5%的学生认为手机是一项必不可少的装备，在16到18岁的青少年中，这一数字达到了76.7%。如果孩子失去手机会感到孤独无助，父母没收他的手机无异于让他们抬不起头来，因此这种方法对于惩罚孩子比较有效。

美国法律规定小孩必须随时有成人陪伴和保护，在这种有法律约束的环境下长大的孩子很少被冷落，也不会有孤立无援的情感体验。因此，在美国的家庭及幼儿园中，父母和老师常常用一种叫作"计时隔离"的方式来惩罚孩子。例如：当孩子与小朋友打架时，父母就会把他抱进他自己的卧室，让他独自待上3分钟。3分钟后，父母会准时把他抱出来，并借机对他进行说服教育，督促其改正错误。孩子因为被隔离受到了冷落，会从心理上产生强烈的自责。又因为孩子有很强的群体意识，把他与家人、与小朋友隔离开来会使他感到自己被区别对待了，从而产生一种不平等的感觉，会主动提示自己以后不再犯此类错误。

心理学研究表明，惩罚是以增加一个厌恶刺激或减少一个喜欢刺激，降低不好的事件或有害事件的发生概率。对孩子进行惩罚，是为了让孩子明白做错事的后果是什么，以及正确的做法是什么。在对违背原则的事情进行惩罚时，要先与孩子进行约定，让孩子明白做事要守规矩，要进行自我管理，同时要把违反约定的惩罚告诉孩子，如果事先没有约定就进行惩罚，会让孩子心里无法正面认同，甚至会怨恨父母。

父母为了孩子能更好地成长，惩罚应该尽量做到人性化，特别是要考虑到孩子的自尊，不以侮辱的语言谩骂孩子，要就事论事，不要揭老底，毕竟惩罚的目的是为了帮助孩子认识到自己的不足，而不是刺伤孩子的心灵，做到既不伤害亲子关系，同时又可以达到应有的教育效果。

> 如果不去加强并发展儿童的个人自尊感，就不能形成他的道德面貌。
> ——苏霍姆林斯基

第七章
懂得欣赏：以孩子的视角看身边事

由于父母每天都与孩子生活在一起，过度的亲密关系导致"审美"出现偏差：孩子的优点不以为是优点，却因为缺点给父母带来麻烦而被无限放大。随着孩子的渐渐长大，犯错误的几率增加，亲子关系就越来越不好理顺，矛盾和冲突不断增加。这种情况非常不利于孩子的成长。因此，父母要经常调整视角，及时发现孩子的优点并加以赞扬，同时给予鼓励和支持。

父母的
情绪影响孩子的一生

以孩子的眼光，选择自主方向

典型的中国式父母，在孩子的衣食住行上都倾尽全力，为了孩子能吃得好、穿得暖、学得起劲，宁肯自己受再大的委屈也无怨无悔。但是，对孩子来说，替他想得越周到，让他事事都得到满足，反而容易使他产生强烈的挫折感。事实上，每个对孩子将来负责的父母都应该牢记一条很重要原则："替孩子做他们能做的事，是对他积极性的最大打击。"

父母给孩子更多的机会和空间让他们自己做选择、做决定，这是对孩子的尊重和赞赏。当孩子自己选择做一件事情，父母不能用大人的思维方式去禁锢孩子的想法和行为。应该支持和鼓励孩子去尝试、去感受、去思索，教育他不要怕失败。在做某项事情时的体验和感受，对于孩子的健康成长、良好品德的形成、自强意识的培养都非常重要。

在父母眼中，孩子无论长到多大，他们都是孩子，总是担心他们这也做不好，那也做不对，在为孩子做了他们自己能做的事

第七章
懂得欣赏：以孩子的视角看身边事

情时，却很少考虑孩子自己的感受。这是一种费力不落好的做法。有个三年级的男孩和同学去参加夏令营，妈妈怕他自己洗澡时洗不干净，竟走进男生洗澡的帐篷想为儿子搓澡。正在洗澡的男同学个个像惊弓之鸟，躲的躲，遮的遮，情景十分难堪。这位妈妈的儿子大声对她喊："你给我出去，出去！我讨厌你！"妈妈很纳闷，在家不都是我给你搓澡吗，有什么大惊小怪的。她不明白自己的行为使儿子在同学面前有多么难堪。

无论什么父母，都没有能力帮到孩子一辈子，他迟早要自己面对社会上的许多事和人。如果在孩子很小的时候父母就肯放手，有意识地培养自主选择、主动把握机会的能力，孩子就会有很强的判断力和决策力，在以后的人生道路上能不断抓住机会，走向一个又一个的成功。

"生命的价值在于选择"，父母让孩子自己做选择，并不是在推卸责任，而是尊重孩子的兴趣爱好，尊重他对自身的能力评价。但是很多父母常常忘记这一点，他们不让孩子自己去做选择，在人生的十字路口总是忍不住要替孩子做决定。于是，孩子只能按照父母决定的事情去做。在父母看来非常正确的事情，却给孩子带来了一种窒息感，孩子想对父母说"不"，但他们又一直被教育要"听话"，要做个"乖孩子"，所以连"不"也不能说了，有的孩子用被动的方式去逆袭，有的孩子因心情压抑而很难取得学业的进展。

凡是孩子自己决定的事情，在今后会自觉地向着既定的目标努力。父母在孩子做决定时，要给予支持和鼓励，当孩子面对选择犹豫不决时，父母应该鼓励孩子自己决定，并明确地告诉他："你自己要进行权衡，做出决定。"如果不是涉及前途命运的大事，即使孩子的决定不是很正确，孩子也能从做决定的过程中得到经验和教训，为自己以后的成长打下良好的基础。

父母希望培养孩子具备自主选择的能力，就要遵从著名教育家陶行知提出的六大解放，即头脑解放、双手解放、眼睛解放、嘴解放、空间解放和时间解放。让孩子从小就放松身心，习惯自己的事情自己做，遇到困难时积极动脑思考，只要孩子喜欢了、投入了、积极参与了，在动手操作的过程中增长了判断力，锻炼了独立意识，他就能做出正确的选择或决定，把握自己的人生方向。

> 我们发现了儿童有创造力，认识了儿童有创造力，就须进一步把儿童的创造力解放出来。
>
> ——陶行知

第七章
懂得欣赏：以孩子的视角看身边事

孩子想争辩，父母说话要降降调

在中国的传统观念中，"听话"的孩子是好孩子，是懂事的孩子。因为小孩子见识少、阅历浅、不成熟，听大人的话没错，更有那句"不听老人言吃亏在眼前"千百年来地流传，影响极为深远，在许多家庭中小孩子对父母的话必须言听计从。

现在，虽然已经是科技与文明高度发达的21世纪，仍有很多父母不允许孩子与自己争辩，即便自己的言行是错的也不允许孩子当面指出。如果孩子与父母拌嘴、争辩，就被看作是大逆不道的行为。这都是父母的思想意识不能与时俱进的表现，做合格的父母就必须摆脱传统观念的束缚。

丽丽读小学五年级时经常与妈妈"顶嘴"，这使她的妈妈非常苦恼，因为自己的女儿太不听话了。有一次在回家的路上，路过公园时丽丽就进去玩了一会儿。当妈妈说时间不早了、我们该回家时，丽丽却不同意，坚持说还要再玩一会儿旋转木马。妈妈有些生气，说她应该听妈妈的话，这时丽丽跨在木马上大声说："为什么我非要听你的，而你就不能听我的呢？"听了这话妈妈更生气了，恨恨地说："看看到底是你该听我的，还是该我听你的。"硬生生把丽丽从木马上拉下来，拖着她走出了公园的大门，

父母的情绪影响孩子的一生

丽丽十分委屈地跟着妈妈回家了。

丽丽特别喜欢小动物,想养一只小狗。妈妈说小狗身上有细菌,不能养。丽丽争辩说:"你说的不对。书上说,小朋友和小动物多接触可以提高抵抗力。"妈妈这次仍然很霸道,斩钉截铁地说:"坚决不能养。"结果两人又吵了个天翻地覆。

丽丽的妈妈逢人就说女儿有多么不听话,还向朋友讨教能让女儿听话的良方妙计,终于有一天,她的一位当教师的朋友这样对她说:"丽丽喜欢与你争辩,说明她长大了,有主见了,这是好事情,你要摆正心态,不要让她事事一定听你的。"这时丽丽的妈妈才恍然大悟,自己的思维方式要跟得上孩子的成长。

当孩子长到一定年龄,对事情有了判断力,就会勇于表达自己的观点和感受,对自己认为正确的事情会据理力争,在以后会比较自信,学习能力、交际能力都在逐步加强。因为孩子在争辩的时候,往往大脑非常活跃,处理信息的速度非常快,对表达能力、思考能力都是不小的锻炼。

女孩张秀秀有个姐姐,姐姐是军队大院里出了名的好孩子,她非常听父母的话,从来不惹是生非。大院里父母们知道自己的孩子调皮捣蛋时,常把这话挂在嘴上:"你看看老张家的女儿多懂事,你要像她那样听话我少操多少心!"说这话时,遇到不服气的孩子也会顶嘴:"我怎么不像他们家的孩子了,我多像张秀秀啊。"

第七章
懂得欣赏：以孩子的视角看身边事

秀秀与姐姐不同，玩入迷了就不按时回家，认为父母说的不对就顶嘴。身为军人的张爸爸脾气暴躁，往往是随着那句"你敢顶嘴？"大巴掌就挥过来了，但是秀秀仍不示弱。"你不是能打我吗？打吧！打吧！"随着话音，她就仰起头把身子向爸爸的面前挺，那意思是"你使劲打，我还真就不怕"。秀秀就是这样一种性格，从小到大都没少挨打。

若干年以后，张家的女儿都长大了，秀秀的姐姐不仅没考上大学，也没有突出的作为，只能在父母的关照下过日子，而秀秀不仅毕业于名牌大学，还成为了全国知名的记者。

从现代教育的观念来看，把"听话"作为衡量孩子好不好、懂事不懂事的标准，不利于孩子个性的发展和潜能的激发。在孩子成长的过程中过分地强调"听话"容易使孩子养成依赖性，使孩子没有独立性，遇到问题时缺少个人见解，对不正确的思想观念、行为举止无力抗争，甚至会因长期压抑而引起性格扭曲。德国心理学家海查曾做过这样的实验：将有强烈反抗倾向的100名儿童与没有这种倾向的100名儿童进行长期的跟踪观察，等这些孩子成年以后，在有反抗倾向的孩子中，84%的人意志坚定，有主见，有独立分析、判断事物和做出决定的能力；没有反抗倾向的孩子中，仅有26%的人意志坚定，其余的人遇事不能做决定，不能独立承担责任。

孩子在争辩的过程中，能感受到自己的想法被重视、被关注。如果在争辩时胜利了，无疑使孩子获得了成就感，既让他们

父母的
情绪影响孩子的一生

有了估量自己能力的机会,也锻炼了他们的意志力;如果孩子在争辩时输了,他也会服从正确的观念和做法,这时候他的"服",也一定是真正的口服心服。善于争辩的孩子,性格必然不会人云亦云,更不会对错误的东西一味隐忍,会变得自信、开朗,敢于面对困难,具有很强的挑战意识。

父母应该把培养一个不盲目听话的孩子作为教育目标。让孩子对所有值得他怀疑的问题进行独立思考,并且可以无所畏惧地说出来。在孩子说出自己的想法时,父母应保持冷静,千万不要轻易发火动怒,加剧孩子的抵触情绪;要善于倾听孩子的观点;分析他说的是否有道理,主动地把"顶嘴"变成讨论、探讨。如果孩子是正确的,就应该给予肯定和支持。当然,孩子的意见不对时,父母也要坚持自己的观点,但要以亲切的口吻认真地加以说明,让孩子能够心服口服地接受。争论、探讨有助于孩子养成实事求是、坚持真理、以理服人、平等公正的好品质。

> 知教育者,与其守成法,毋宁尚自然;与其求化一,毋宁展个性。
>
> ——蔡元培

第七章
懂得欣赏：以孩子的视角看身边事

随便拿钱奖励，不如激发向上精神

随着社会的发展，家庭教育摆脱了"棍棒之下出孝子"的旧观念，人们更多的是给孩子赞扬和鼓励。但是，任何事情都有两面性，许多父母并懂得赞扬和鼓励的艺术，做得不得法同样得不到好的结果。赞扬和鼓励就像营养品一样，如果不管情况怎么样都随意用，就会因副作用产生新问题。赞扬、鼓励和批评一样需要技巧，如果做得不是恰到好处，不但达不到预期的目的，反而会使孩子的积极性和进取心大大降低，对孩子的心理和成长造成妨碍，更有可能导致父母与孩子之间的关系紧张。因此，父母在赞扬和鼓励的时候应该讲究策略，不让要让好心变成坏事。

心理学家爱德华·德西曾做过这样一个实验：让学生在实验室里解有趣的智力难题。实验分三个阶段：第一阶段，所有的学生都无奖励；第二阶段，将学生分为两组，一组是实验组，一组是非实验组，实验组的每个学生完成一道难题可得到 1 美元的报酬，非实验组的学生无报酬。第三阶段，为休息时间，学生可以在原地自由活动，看看他们还是否有人还在继续解题。

通过这第三阶段的观察，爱德华·德西发现一种明显的趋势：实验组的学生因在第二阶段能获得奖励确实十分努力，在第

父母的
情绪影响孩子的一生

三阶段继续解题的人数极少，这表明兴趣与努力的程度在减弱，而没有奖励的非实验组的学生，却有很多人在用自由活动时间继续解题，表明兴趣与努力的程度在增强。最后得出的结论是：学生在学习时，如果提供外部的物质奖励，反而会降低学习的积极性。这个实验说明物质奖励用不好就会起反作用。

有个男孩子对画画感兴趣，放学经常自觉地拿出画板画画，画到高兴时还会唱歌。孩子的父母发现孩子有这样的兴趣爱好很高兴，为鼓励孩子就对他说："儿子你好好画，画完了爸爸奖励你10元钱。"男孩子听父亲这么说就兴致大增，半个小时就画完了，爸爸也兑现了自己的承诺，毫不犹豫地给了10块钱。这种情况不断地在儿子与爸爸之间发生。结果这个男孩变成只为钱而画画，没有钱就不想再画画了。爸爸的奖励不但没有激发儿子保持对画画的兴趣，而是减弱了儿子自发学习画画的动力，破坏了他的兴趣爱好。

这个故事证明了曾获诺贝尔奖的爱尔兰作家萧伯纳的话："要记住，我们的行为不是受经验的影响，而是受期待的影响。"家长对孩子的物质奖励用得不当，就会使孩子的心理期待发生偏移。也许喜欢画画的男孩的心理期待是想当一名伟大的画家，但是每次拿10元钱奖励儿子的父亲，使他的期待落入了世俗泥淖。如果让小期待泯灭了心中的大期待，反而不利于孩子成才。

父母发现孩子有了好的兴趣爱好后，不应该首先想到的是物质鼓励，而是精神激励和适当的指导。前苏联著名作家高尔基的做法就非常好，对儿子的行为既有赞扬，也指出了他的努力的方向。

第七章
懂得欣赏：以孩子的视角看身边事

高尔基和儿子马克西姆在意大利卡普里岛疗养。有一天，高尔基从外面回来，看到马克西姆在院子里松土种花便称赞道："夏天来临，让院子里开满鲜花，这个主意非常好。"说着话，他就帮助儿子培土浇水，种下了一大片花草。不久，马克西姆先行回国，高尔基独自在院子里散步，看到鲜花盛开，香气满园，心里有说不出的高兴。高尔基回到书房后满怀深情地给儿子写了一封信。他这样写道："你走了，你栽的花却留了下来，我看着这些鲜花，心里想着'我的好儿子动身以后，在卡普里岛留下了好东西——鲜花'……要是你在任何时候、任何地方，都能留给人们美好的东西——鲜花、思想、各种美好的回忆，那你的生活将会是轻松愉快的。你会感到所有的人都需要你，这种感觉会使你成为一个心灵丰富的人。你要明白'给'永远比'拿'重要。"

高尔基就是这样以小见大、由表及里地鼓励儿子，堪称是深懂家教艺术的典范。

父母在赞扬、鼓励孩子时，要指出明确的方向，不仅可以像高尔基那样指出大目标，也可以给出小的目标，但是不能让孩子不知所云。当孩子获得好成绩、取得进步了，期待父母的赞扬和鼓励时，如果父母只会说："不错，继续努力。"对具体如何去做，却不能给以恰当的引导。实际上，这样的赞扬和鼓励并不能起到什么实际作用。如果能指出具体明确的方面，孩子听后就会清楚自己应如何去做，更加刻苦努力。比如，夸奖孩子的画画得好，不能只是说："不错，将来会成为徐悲鸿那样的大画家。"而是要说"花朵的颜色很好"或"这个人的脸画得很像爸爸,要是眼睛再有神一些就更好了"。这样的赞扬才有的放矢,能说到孩子的心里去,从而激发他的积极性。

父母不要轻易就拿钱物奖励孩子,因为物质奖励用得不恰当,会让孩子积极进取的内在驱动力变成外在驱动力,当外在的驱动力不能持续下去,孩子的进取心和上进心也就消失了,而精神奖励才是巩固孩子内在驱动力、不断发展兴趣爱好的最好方法。更重要的一点是,过于频繁的物质奖励会使孩子的学习和进步变得极为功利,当这种功利思想影响到他的的价值观时,就会使行为偏离道德要求和法律约束,这对于一个人的成长和成才有百害而无一利。

> 教育最伟大的技巧是:知所启发。
> ——亚美路

放下家长的架子,与孩子平等交流

现代社会已经进入到以创新求发展的阶段,任何人只能重复别人的工作,拿不出新观点、新思路、新做法,就没有个人前途可言。父母必须认识到,培养孩子具有卓越的创新能力与培养良好的思想道德品质同等重要。父母要从主观上和客观上都把孩子

第七章
懂得欣赏：以孩子的视角看身边事

看成不同于自身的个体，放下家长的架子，做到和孩子平等地讨论问题，用孩子喜欢的方式进行交流，使父母可爱可亲的形象烙印在孩子的心灵深处。

一位叫戴雅娜的母亲有一双可爱的儿女。有一天，她准备开车带着孩子一同去超市，5岁的儿子因为姐姐先坐进汽车而很不高兴。戴雅娜见状在车门口蹲下来，伸出手把儿子的双手捧起来，看着他的眼睛微笑着说："汤姆，谁先坐进汽车并不是很重要，你说对吗？"汤姆虽然还是不高兴，但是对妈妈点了点头，钻进汽车并挨着姐姐坐了下来。

第二天早晨，戴雅娜和她的朋友张女士一起带着孩子们出去郊游，当汤姆同姐姐跑跑跳跳，要到湖边去看戏水的天鹅时，汤姆不小心摔倒了，他一边喊腿痛，一边流眼泪。妈妈蹲下身子把汤姆拉起来，见他并没有摔伤，就亲切地说："你已经不是小宝贝了，是不是？你已经是个大男孩了，摔一下是没关系的，你说对吗？"这时，张女士也在一旁蹲下来，面对着汤姆说："是的，你是个大男孩了，不能总哭鼻子呀，你说对不对？"汤姆收住了眼泪，很自豪地到湖边去了。张女士同戴雅娜谈起了对孩子的教育方式。问她是否经常蹲下身子与孩子说话。她说："是的。孩子年龄小，身体还没有长高，大人只有蹲下来才能平视着孩子的脸说话。在我小的时候，我的父母就是这样同我们说话的。孩子是独立的人，由于他们还没有长高，大人就应该蹲下来同他们说话。只有这样平视着，孩子才没有被强迫的感觉。"

父母的
情绪影响孩子的一生

德国心理学家黑尔加·吉尔特勒说:"如果父母放弃权力,放弃优越感,那么,得到孩子的信任和尊敬的机会就更大。"身为父母者,只有彻底抛弃封建家长制的影响,放下高高在上的架子,以朋友的心态与孩子相处,才能实现引导、启发、使孩子快速成长的目的。

> 教育上的水是什么?就是情,就是爱。教育没有了情爱,就成了无水的池,任你四方形也罢、圆形也罢,逃不出一个空虚。
>
> ——夏丏尊

不要放走表扬孩子的最佳时机

针对孩子的早期教育,日本教育家铃木镇一持这样的观点:"父母首先要以爱心和热情去努力培养孩子各方面的能力,要鼓励和赏识他,而不是一味地用责备和打击逼迫他去听话,因为在威逼和恐惧中长大的孩子只能变成怯懦和虚伪的人。"

孩子有一个共同的心理特征,那就是喜欢听称赞、表扬、鼓励的话,不喜欢被禁止、阻断、批评,因此,父母要给孩子积极的鼓励。无论多大的孩子,受鼓励而改正错误和不足是容易做到

第七章
懂得欣赏：以孩子的视角看身边事

的，而受责骂而改正错误和不足则是不太容易做到的。"快乐教育"创始人斯宾塞认为，教育孩子应该以鼓励为主，不要随意指责。

斯宾塞小时候，爸爸威廉给他买了一架脚踏风琴，希望他通过学习音乐培养人文素质。当风琴买来后，爸爸对他说："这是一架有魔力的风琴，只要你不断用脚踩踏板，同时用手按上面的黑白琴键，就会响起非常优美的旋律。如果你弄懂由7个音符形成的魔法，那就会成为音乐家。"这些话对斯宾塞起了很神奇的作用。风琴刚安好，他就迫不及待地坐了上去，并且按响了高低音不同的琴键，一副乐不可支的样子。可是爸爸不在家时，保姆德斯娜总是指责斯宾塞："你可能在音乐上没有一点天赋。""一支简单的曲子，你学了这么多遍还不会……"这样的话听得多了，斯宾塞就对弹风琴失去了兴趣。爸爸了解到这个情况后对德斯娜说："你不要用不恰当的言论扼杀孩子的天赋。如果弹风琴变成了一件紧张而痛苦的事情，那么，是学不好音乐的。"有一天，威廉微笑着对儿子说："亲爱的，我特别喜欢你弹的那首小曲子，叫什么名字来着？"斯宾塞听爸爸这么说，心情欢快起来，赶紧说出了自己最喜欢弹的一支曲子，他坐到风琴前，十分投入地弹了起来。不可思议的是，他竟然弹得非常流畅，节奏和旋律都把握得非常准确。

对于这件事，成年后的斯宾塞是这样总结的："教育应该是快乐的，当一个孩子处于不快乐的情绪中时，他的智力和潜能就

父母的
情绪影响孩子的一生

会大大降低。呵斥和指责不会带来好的结果。教育的目的就是让孩子成为一个快乐的人,因此教育的方法也应该是快乐的。就像一根细小的芦苇管,你从这一头输进去的如果是苦涩的汁水,在另一端流出来的也绝不会是甘甜的蜜汁。"

表扬和鼓励是可以让孩子进行快乐学习的魔法。父母应该善于运用鼓励的方法,经常对孩子说:"你今天的作业写得很规整。""画画得越来越好了,如果再努力一些,都可以参加学校的展览了。"孩子听了这样的话,眼里一定会绽放出美丽的花朵,心灵之门也会向父母敞开;如果对孩子取得的进步持漫不经心的态度,孩子就会变得十分沮丧。

小虎放学回来高兴地对妈妈说:"今天60米比赛我得了第一名。"妈妈听了问了一句:"和谁比赛呀?"小虎脸上带着得意的笑容说:"今天上体育课,老师让我们赛跑,我是跑得最快的,老师夸我很有运动天赋呢。"妈妈听了仍没什么反应,她说:"噢,知道了。今天留作业了吗?快去做作业吧。"听到妈妈这么说,小虎觉得非常失望,闷闷不乐地到一边去了。他不明白为什么自己跑了第一名,妈妈却一点都不高兴,也不夸奖他。

许多父母总是忽略孩子学习以外的成绩,从而失去了鼓励孩子的最佳时机。结果使孩子认为父母对自己一点都不关心,积极性受到了打击,时间久了,会认为在各种活动中表现好不好都无所谓。明智的父母应该重视孩子的每一个进步,及时鼓励孩子。在上例中如果小虎妈妈能及时回应孩子想要被称赞的心理需要,

第七章
懂得欣赏：以孩子的视角看身边事

高兴地说："是吗？我家小虎能跑第一，很了不起呀。"这时，小虎的情绪就会得到激发，如果妈妈趁机鼓励说："小虎，你在学习上也要努力，如果也能得第一，那就更了不起了。"孩子必然会从成就感中激发出更强的上进心。

父母不要吝啬自己夸奖的言辞，尤其是对年龄小的孩子，做好一些简单的事已经很不容易了，一定要及时表扬和鼓励。有些事情在大人看来没有什么了不起，不值得表扬，可对孩子来说则是非常重要的。事实上，孩子良好的习惯和非凡的成绩也是由小事做得好累积起来的，因此，只要有助于培养孩子良好的习惯，增强自信心，父母就要慷慨地给予表扬和鼓励，年龄越小越要做得及时，随着孩子年龄的增长逐渐提高表扬的标准。

表扬和鼓励的内容越具体，孩子就越容易明白哪些是好的行为，越容易找准今后努力的方向。如果父母只用"你真聪明""你很棒""将来一定有出息"这样很笼统的词来称赞孩子，虽然暂时也能激发孩子的进取心，但孩子不明白自己到底好在哪里，为什么受表扬，就容易养成骄傲、听不得批评的坏习惯。表扬和鼓励的目的是要激励孩子进步，不能简单地说成"比某某同学好""让某某老师很满意"，要始终立足于孩子的进步的点位上，使表扬和鼓励对孩子的能力、品行、态度和进取心起到促进作用。

> 人生中最深切的禀质，乃是被人赏识的渴望。
> ——詹姆斯

父母的
情绪影响孩子的一生

过度表扬，会使孩子的行为动机走偏

中国的传统教育以严格要求为主导。"养不教，父之过；教不严，师之惰。"这是传承了几千年的至理名言。到了近代，西方的文化思潮给传统观念带来巨大冲击。西方教育理念和心理学研究成果开始影响我们的教育方式。但是，许多人错误地解读了一些西方教育思想，并进行了广泛的传播。比如，西方人本主义心理学派主张用鼓励的方式教育孩子，促使孩子自身的潜能得到有效的开发。受这种西方教育理念的影响，许多家长总把对孩子的表扬和夸奖挂在嘴上，极为小心地对待批评和指导。有的父母只要一有机会，就会毫不掩饰表扬自己的孩子。但是，教育专家通过研究发现，在过多的表扬声中长大的孩子，许多人都没有变得越来越优秀，而且还有相当一部分孩子变得更加不自信，经受不住人生风雨的洗礼。

西方人本主义心理学派强调鼓励的教育方式，并不意味着对孩子要一味地进行表扬，而是通过表扬、称赞给孩子自主、宽松的成长环境。如果父母过度频繁地表扬孩子，孩子接受太多的好评价，无形中又压缩了自主、宽松的成长空间，实际上是另一种扭曲的管教，孩子过度依赖于来自老师、父母或其他人的

第七章
懂得欣赏：以孩子的视角看身边事

表扬，便逐渐失去了自我评价、自我判断的能力，从此变得在人生目标的确定上严重偏离客观实际，这也会使孩子的发展走向了歧途。

美国男孩乔治的智商水平比较高，但是在学习时却总是坐不住，课堂上也不能积极配合老师的教学。每次面对考试，他都非常紧张，卷子答得稀里糊涂。后来老师建议乔治的父母要对孩子少责备、多表扬，积极鼓励他做自己喜欢的事情。乔治的父母按着老师说的方法做了，收到了积极效果，乔治在考试的时候不那么紧张了，也能顺利答完卷子了。尽管成绩还不算优秀，但是已和其他同学差不多了。非常遗憾的是，乔治的父母尝到了表扬甜头后却走向了另一个极端，他们几乎时时刻刻都表扬儿子，不仅很少批评他，也不注重给予忠告和指导。这使乔治变得已听不得他人除了表扬外的任何评价和建议。

在乔治的思想意识里已经失去了对自身能力的正确判断。在他刚刚学弹钢琴不久，就打算去报茱莉亚音乐学院了。他骄傲地向同学宣称："妈妈说我弹钢琴很有天赋，将来能成为大音乐家。"连最基本的练习曲还弹得不成调，就计划着去考当地最著名的音乐学院，这在有头脑的人看来，有点坐井观天的意味，当然，他也不可能被录取。

父母的过度表扬和夸奖给乔治带来了伤害，他已经被父母夸得目空一切，以为自己无所不能了。

表扬的效果是好是坏，取决于父母所做的表扬本身。具体、

父母的
情绪影响孩子的一生

明确、针对某一件事情做出的符合客观实际的表扬，而不是虚空、拔高的表扬才能发挥鼓励和激发的作用。

教育专家菲尼斯指出，对心理素质不够好的孩子，父母更要掌握表扬的"度"。表扬不足会让孩子失去自信心，对他们的健康成长带来负面影响；表扬过度，他们又会被父母近似荒唐的言行所误导，以致陷入过高看待自己的幻想中，甚至会制定出完全不切实际的人生目标，这些目标因过高而不能实现，孩子在面挫折和失败时难以自拔。

美国心理学家卡罗·德威克曾在十年里选取了十几所纽约的学校、400名五年级学生，研究表扬对于学生的影响。通过多年的系列追踪监测、实验、研究，他们发现：被过度表扬的孩子，将维持自己的聪明形象变成了头等大事，他们变得不愿意冒险尝试没有把握的事情，也不愿意承受失败的体验。家长们出于希望孩子更上一层楼而进行的表扬和奖励，反而吞噬了他们的自信心和意志力。

父母不要让孩子靠表扬生活，孩子的人生目标更不应该被表扬所左右。这需要父母本身不要让自己表扬和夸奖变得廉价。因为孩子一旦对廉价的表扬上了瘾，他们就有可能走进另一个怪圈，只要听不到来自父母、老师或朋友的表扬，就会顿时变得情绪低落，甚至萎靡不振。父母不要让表扬主导了孩子的思想意识，一旦离开表扬，他们就会像丢了魂一样的神不守舍，孩子的心灵如此脆弱不堪，又怎么能正确面对挫折和偶然发生的意外事

第七章
懂得欣赏：以孩子的视角看身边事

件呢？

　　父母表扬过度会扭曲了孩子的行为动机，但这并不意味着父母不该表扬孩子，面对思考能力正在走向成熟的孩子，父母既要在恰当的时候给予表扬，让他们在得到肯定的基础上激发出上进心，同时也要随时注意指出孩子的缺点，让孩子在改正的基础上取得进步。父母要让孩子学会既能发现、发挥自己的优点，也能认识、接受自己的缺点，只有这样，孩子才能准确全面地认识自己，在未来有更好的发展。

> 　　儿童的一切教育都必须遵循一个原则，即帮助孩子身心自然的发展。
>
> ——蒙台梭利

第八章
不急不慌,培养孩子需要慢工细活

世界上任何一种教育都不会取得立竿见影的效果。因为教育过程是润物细无声的浸染,是化有形为无形的融会贯通,是从知晓到运用自如的研习,父母培养孩子要沉得住气,不能心浮气躁:看别人家的孩子考试成绩名列前茅,就希望自己的孩子在下次考试时成绩突飞猛进,这是不现实的。在这方面父母要做的是,耐心引导孩子对学习产生兴趣,培养孩子形成好的学习、生活习惯,经常与孩子进行良性的交流与沟通。经过长时间的细心培养,孩子才会变得越来越优秀。

父母的
情绪影响孩子的一生

做了解孩子真实意图的耐心父母

在口才学中有这样一种说法,"会说的人不是会沟通的人,真正会沟通的人是会倾听的人",正所谓大音希声,大道至简,最会沟通的父母也是深谙此中奥秘的人。

父母要忙于工作、交际、自我提升及一些比较重要的事情,即便回到家里,还有许多电话要接听,还有日常生活需要打理,几乎没有足够的时间与孩子聊天,当孩子找父母说某件事时,正在忙着的父母很难有耐心听孩子讲完全部内容,就马上用成年人处理问题的方式对孩子发号施令,因而误解孩子真正意图的情况频频发生,影响孩子表达心里的想法。

在一个休息日,男孩小亮拉着爸爸的胳膊说:"爸爸,我们去超市吧。"爸爸不耐烦地说:"你要去超市干什么?"小亮很胆怯地说"我想买几瓶黄桃罐头。"爸爸一听立刻火了,甩开小亮的手说:"你学习成绩这么差劲,还整天就想着吃。为什么不多花点心思用到学习上!"小亮眼泪汪汪地说:"不是我要吃,我想

第八章
不急不慌，培养孩子需要慢工细活

买给爷爷吃。上次爷爷住院时，叔叔买了一瓶黄桃罐头给爷爷，爷爷可喜欢吃了，但他说腿脚不灵了，没法再去买了。"爸爸听儿子这么说，才觉得自己错怪了孩子。

父母不等孩子把话说完就横加指责的情况，在许多家庭中都发生过。如果小亮不坚持把自己的想法说完，让爸爸把自己定性为贪吃不爱学习的孩子，他该有多么伤心呀。

未成年的孩子还没有建立起良好的抽象思维能力，对说清楚一件事的逻辑性也不能进行很好的把握。他们在讲话时通常会从自己觉得最令人兴奋的地方说起，而不是遵循前因后果的逻辑来说。正是孩子这种在大人看来有违常理的说话方式，只要他一开口就会让父母往别的地方想。由于父母误解了孩子，所说出的话必然偏离孩子所要交流的核心。正如上例中小亮的爸爸，根本不问清楚事情的原委，劈头盖脸先教训一顿孩子。这种情况经常在许多家庭中出现，有些父母也会不以为意，这非常不利于家庭形成良好的沟通氛围。

父母要建立起与孩子之间沟通的桥梁，了解孩子最真实的想法，在孩子说话的时候，不要急于打断他，更不要妄下结论。在没有弄清孩子的真正意图前，更不要急于提出自己的看法，要等孩子把自己的意思讲清了，父母在心里做出了选择和评价，再决定事情到底是可以做的，还是不可以做的。

父母认真听孩子说话，意味着不管孩子说的对错都要认真倾听，什么话都能听得进去。不要有"我是家长，我要随时管教你"

的想法,如果不能抱着正确的想法听孩子讲话,就很难做到耐心、虚心和细心地与孩子交流,也就不能准确地了解孩子的想法和心情。

父母只有努力成为孩子愿意倾吐秘密的对象,成为对孩子的事情感兴趣的人,孩子才乐意向父母敞开心扉。比如,你的孩子告诉你,晚上他和伙伴们一起去抓蚯蚓了,如果你表现得很吃惊,或对事情的结果根本不感兴趣,孩子以后就不会再对你说什么了。

孩子生活在自己的小小世界里,有些事情对成年人来说并不重要,甚至令人烦恼;对孩子来说就不同了,可能是他们认为意义重大的事。父母要放低心态,表现出对孩子的事情十分感兴趣,对他们的感情、想法表示尊重。因此,父母经常与孩子讨论他们感兴趣的事情是拉近感情、顺利施教的好方法。

父母必须明白,听孩子讲话跟听一个已经有相当高语言表达能力的成年人讲话是两码事。由于孩子的口头表达能力有限,父母在倾听时表现出不耐烦的样子,很容易使孩子产生畏惧心理,这会使其缺乏系统性的思维"短路",针对这一点父母要有明确的认知。要想与孩子保持交流关系的融洽,就要学会避免孩子出现表达障碍,特别努力地听懂孩子所说的话。即使孩子所表达的想法跟父母不一致,也不要打断他,要让他把自己的话讲清楚。父母在倾听孩子讲话时,经常管不住自己嘴,这个毛病一定要克服掉。

父母为孩子做出倾听的榜样,他以后会认真仿效,养成认真倾听别人讲话的习惯。但是,父母认真听孩子讲话,并不代表必须要与他的意见一致,只是承认他有说出自己想法的权利。

第八章
不急不慌，培养孩子需要慢工细活

随着孩子一天天长大，语言表达能力越来越强，并能在较广的范围内和父母进行交流，这时父母与孩子都急于阐述自己的想法，又产生了忽视倾听对方的讲话的现象，这样的情况在成年人的交流中也经常发生。值得注意的是，如果父母在与和孩子的交谈中，聆听的时间比讲话的时间多，就能更清楚地了解孩子的观点，当父母说话时也更有分量，孩子反过来听父母说话的可能性也就加大了。

还有一种情况父母要引以为戒，就是看起来你是在倾听孩子说话，实际上什么内容也没听进去，这种假听现象要力求避免。要真正做到认真倾听孩子说话，除了给他足够的时间和余地，让他把事情讲清楚，还要不置可否地接受、理解他所说的内容，然后认真阐释他的想法正确与否。

父母在与孩子交谈时，如何说话与说什么内容同样重要。简单命令式、挖苦讽刺式、情绪发泄式的话语，只会伤害孩子的感情，达不到交流与沟通的目的。父母要学会以尊重的态度、平静的语气对孩子说话，因为一个三四岁的孩子，也能轻易区别不同的态度、情绪和语调。学会倾听，注意表达是做最好父母的必修课，从孩子出生那一天开始，就要学会运用这门"课程"的内容。

> 幼稚期是人生最重要的一个时期，什么习惯、语言、技能、思想、态度、情绪、都要在此时期打下一个基础。若基础打得不稳固，那健全的人格就不容易建造了。
>
> ——陈鹤琴

父母的
情绪影响孩子的一生

等一等，别急着向孩子打开灌输知识的闸门

孩子成才的过程紧紧依附于身心的成长过程，父母需要了解孩子的成长规律，遵照这个规律及时提供身心成长的条件，让孩子在自然成长的过程中具备优秀人才的品质。但是，许多父母对孩子成才操之过急，有的甚至让刚懂事的孩子去学习学龄儿童应该学的知识，有的父母让刚上小学的孩子把整个小学的课程很快学完，还有的父母不顾孩子的兴趣，在课余时间送孩子到音乐、舞蹈、绘画等多种培训班学习，学这些的目的不是为了陶冶孩子的情操，拓展孩子的知识面，而是为了急功近利的目的——多拿几张含金量高的证书，证明自己的孩子多么不普通，有"神童"的资质。

刻意制造出来的"神童"，刚开始的时候还能表现出有一些特殊技能，但是不久之后，就会出现缺乏学习兴趣，上课注意力不集中，好奇心不强等不良现象。结果，"神童"变得比普通孩子还普通，仅有的一点成绩也只能停留在童年时代。正所谓强扭的瓜不甜，父母的急功近利行为，扼杀了孩子喜欢探寻未知的天性。

心理学研究表明，儿童不宜大量学习各学科知识。他们需要通过玩耍和游戏得到意志力、注意力、交往能力、兴趣爱好等智力素质的培养。这一点正如俗语所言"贪多嚼不烂""贪食伤脾

第八章
不急不慌，培养孩子需要慢工细活

胃"，孩子的学习也要循序渐进。人的成长实践表明，过早地把学习负担压在孩子身上，"不能承受之重"必然影响孩子心智的正常发育。网络流传的一个故事，很能说明家长硬性灌输知识所造成的思维混乱。

聪聪还是幼儿园大班的孩子，妈妈每天都利用各种机会向他灌输一些知识。

有一天，妈妈在接聪聪回家的路上看到大树上落了几只小鸟，问道："树上10只鸟，爸爸打掉1只还剩几只？"聪聪马上回答说："9只。10减1等于9呀。"妈妈说："聪聪，你想一想，打掉1只小鸟，其他小鸟都吓跑了，应该1只也没有了呀。"聪聪点了点头，心里在想"10－1＝0。"回到家里，妈妈指着放在茶几上的金鱼缸问儿子："鱼缸里有10条鱼，死了1条还剩几条？"聪聪说："9条。10减1等于9。"妈妈耐心地对聪聪说"死了的1条鱼也在鱼缸里呀，应该还是10条。"聪聪又点了点头，心里在想"10－1＝10"。晚上家里突然停电了，妈妈让聪聪在窗台上点燃了10根蜡烛，妈妈又借机问道："窗台上10根蜡烛，风吹灭了1根，第二天早晨还有几根？"聪聪马上说："风吹灭了1根，10减1等于9。"妈妈却说："风吹灭了1根，其他9根都烧没有了，应该还剩1根了。聪聪，你要学会动脑筋。"这时聪聪在想"10－1＝1"。

半年以后，聪聪上了小学级，课堂上老师问聪聪："10减1等于多少？"聪聪回答："要看什么情况？"老师惊讶地说："没有什么情况，就问你10减1等于多少？"聪聪回答说："如果是小

父母的
情绪影响孩子的一生

鸟,10减1等于0;如果是金鱼,10减1等于10;如果是蜡烛,10减1等于1。"老师和全班同学听得一脸茫然,不知道他在说什么。

这是一个关于脑筋急转弯的幽默故事,但是这个故事暗含的哲理是:父母过多地灌输不必要的知识会搞乱孩子的思维,使孩子面对最简单的问题时却得不出正确的结论。那些不断给孩子学习加码的父母,一定要手下留情,不要做出物极必反的事情,使本来聪明的孩子变得越来越糊涂,或者是在心理上产生这样那样的阴影,不能像正常人一样生活。

现在的社会环境比较提倡精英教育,无论是大城市还是中小城市,各类特长班、补习班随处可见,家长为了孩子能早日成才,宁可自己节衣缩食也要把孩子送到这些"班"学习。尽管"揠苗助长"这个成语,每个受过教育的人都知道是什么意思,但是,仍然有父母以"揠苗助长"的方法对待自己的孩子,以急功近利的心态迫使孩子去实现不可能或无意义的目标。殊不知,任何事物的发展都是有其规律可循的,父母只有很好地把握、利用教育规律,而不是去违背教育规律,才能在孩子的教育中取得事半功倍的效果。

> 硬塞知识的办法经常引起人对书籍的厌恶;这样就无法使人得到合理的教育所培养的那种自学能力,反而会使这种能力不断地退步。
>
> ——斯宾塞

第八章
不急不慌，培养孩子需要慢工细活

情绪释放有度，给孩子更多的尊重

作为成年人父母在为人处事上，"里"与"外"分得很清楚，比如对待同事、朋友都十分尊重，公众场合尽量彬彬有礼，即便有了负面情绪，也会进行十分有效的控制与舒解，尽量不因为负面情绪"飞流直下"影响自身形象和工作效率。但是，他们回到家里往往情况正好相反，对待家人不仅没有烦琐的礼节，正面情绪、负面情绪都赤裸裸地表现出来，说话不用讲究语气的委婉，声音也会高出几度，犯急的时候甚至会吼上几嗓子。这种"里"与"外"的反差，在对待别人家的孩子和自己家的孩子时也表现得十分明显。比如，当一个妈妈看到别人家的孩子在学习、比赛、游戏等活动中做得不够好时，就会非常有礼貌地说："没关系，下次努力呀。"但是，若是自己的孩子做得不够好，便很少有这种和颜悦色的态度了，焦灼的情绪释放就变得无遮无挡。

学前班里开家长会，小朋友表演各种各样的节目，老师叫女孩童童起来背诵歌谣，她背得不够流利。童童的妈妈一脸的不高兴，她旁边的美珠妈妈却说："没关系，孩子还小嘛。"在童童走过来时，美珠的妈妈对童童说："童童，这次家长会，你表现不错，比上次家长会背诵得好多了，以后多努力呀。"

父母的情绪影响孩子的一生

美珠这次家长会表演的是唱歌，唱着唱着就忘词了。在老师的提醒下才又接上了。这个失误让美珠的妈妈觉得很生气，在回家的路上就训开了："你是怎么搞的？昨天晚上在家里唱了好几遍，都特别顺，怎么一当大家伙唱就卡壳呢。临场这么差，你长大还能干什么？3岁看到老，你太让我失望了！"美珠听了妈妈的话就不走了，蹲在地上呜呜地哭。她这一哭，妈妈更生气了，用手指点着她的头说："你哭什么哭，没唱好还有理了？别哭了！"美珠还是哭个不停，妈妈拎着她的胳膊把她提了起来，大声吼道："你说！你为什么哭？"美珠抹了抹鼻涕，哽咽着问道："妈，我是你亲生的吗……你为什么对我这么凶？"美珠开始说话时是扬着头看着妈妈的脸的，说完就低下头不敢再看了。美珠的问话，让妈妈一惊，觉得自己训过头了，这才缓了口气说："你只要不哭，就带你去买巧克力蛋糕。"美珠这才用衣袖抹了抹眼睛，跟妈妈走了。

父母为什么对别人家孩子说话时小心翼翼，而对自己的孩子说话却毫无顾忌呢。一是对"外"要讲礼貌，要表现得有修养，当然要事事一团和气，避免说话伤人。如果美珠妈妈像说自己的孩子那样说童童，童童妈会觉得没面子，感情上会出现隔阂，因为孩子的事，把关系搞成这样就很不好了；二是，别人家的孩子表现得好与坏与自己没有多大关系，好与不好都不伤心扯肺的，说好话总比说坏话强。但是，轮到对自己孩子时，当然不用客气了，焦虑、怒气都可一吐为快，加之恨铁不成刚的心理作祟，以为训一顿，直击痛处，会激发孩子的上进心。这时的父母往往忽视了这种恶言恶语对孩子自尊心的伤害。孩子因为不被自己的父母尊重，会失去自信心，性格变得压抑、内向，这不仅不利于孩子的身心健康，更不利于孩子学习能力、自身天赋的发展。

父母教育孩子的时候要学会换位思考，不要因为孩子是自己生的就失之礼貌、客气、尊重。要像对待别人的孩子那样，说话小心翼翼，不把孩子的问题、错误无限放大，反而会给孩子营造快乐成长的氛围。若父母的情绪释放毫无节制，对孩子横挑鼻子、竖挑眼成了习惯，把训斥、责骂当成家常便饭，会让孩子在心里滋生负罪感、罪恶感，导致孩子长大以后做什么事都不成功，严重者会出现违背社会公德、道德的行为。

父母的所说所做最终都会传递到孩子的心里，孩子会通过自己的语言、态度、行为表达出来，所以父母要时时注意用积极因素、正能量影响孩子。

心理学上有个最著名"踢猫效应"，非常形象地阐释了负面情绪传染所产生的恶果。

"踢猫效应"来自这样一个故事："一位父亲在单位受到老板的批评，回到家就把沙发上跳来跳去的孩子臭骂了一顿。孩子心里窝火，狠狠去踹身边打滚的猫。猫逃到街上，正好一辆卡车开过来，司机赶紧避让，却把站在路边的老板撞伤了。"负面情绪不仅能产生连锁反应，而会使始作俑者自食恶果。父母在面对孩

父母的
情绪影响孩子的一生

子时，保持良好的心境，做到有礼有节，不仅有利于孩子的健康成长，更可以抑制意外事件的发生。

> 在愤怒时，你说话前要从一数到十，如果极愤怒时，则要数到一百。
>
> ——杰弗逊

与孩子的想法撞车，父母要主动让一让

德国诗人歌德对父子关系曾做过这样的表述："世上所有做父亲的都有一种真挚的愿望，就是想目睹本身所不能成就的事业被自己的儿子所完成，似乎他们想以此获得再生，也让后代好好应用前一辈子的经验。"正是由于家长在这种惯性思维的支配下，在社会上可以看到这种现象：学者希望自己的孩子将来是教授，演员很自然地就会帮助孩子学习表演艺术……在孩子的成长过程中，忽视了人生观和价值观的培养，一门心思想以自身的成长经历教育和要求孩子，认为这样可以帮助孩子少走弯路，尽早成功。其实父母这么做不是没有道理，也不乏成功的例子，但是如果孩子的想法确实与父母的愿望相违背，那么，做出让步的应该是父母而不是孩子。孩子虽然是父母所生，但是孩子的大脑毕竟

第八章
不急不慌，培养孩子需要慢工细活

不是父母以自己的大脑为蓝本克隆出来的，他有自己的想法和做事情的方式，尊重孩子的选择、扶持孩子向前迈进，是家长的必然之为。

俄国男孩巴甫洛夫的爸爸是一位牧师，妈妈是一位牧师的女儿，他在宗教氛围浓郁的家庭长大，父母希望儿子长大后也成为一名神职人员，中学读的也是教会学校。巴甫洛夫十三四岁时，已经能广泛阅读进步书刊，大大地开阔了眼界，15岁时被英国生理学家路易士所著《日常生活的生理学》深深吸引，从此对生理学产生极大兴趣。当巴甫洛夫打算放弃神学而学生理学时，父亲并没有因为儿子有违自己的初衷而斥责他，而是平静地对他说："你在教会学校毕了业再转学吧。"巴甫洛夫坚定地说："我不能浪费时间了，有很多事情我急需知道。"爸爸反问道："你急需知道些什么呢？"巴甫洛夫说："我特别想知道，人体的构造方面的许多知识。"爸爸笑了笑说："你想当医生？"巴甫洛夫摇摇头说："不是。为了使人类变得更健康、聪明而又幸福，我将来要研究生理学。"爸爸称赞说："你很有胆量，你的这个想法表明你是个很有志向孩子。但是，研究学问是一件辛苦又枯燥的事，你能实现你的理想吗？"巴甫洛夫说："爸爸，我已经下定决心了，我会非常努力的。"爸爸明白儿子的所说的话是经过深思熟虑的，于是立即站起来表示支持："好吧，我祝你实现自己的理想。"

巴甫洛夫是世界著名的生理学家，1904年获得了诺贝尔奖。

父母的
情绪影响孩子的一生

每一个孩子都不可能完全重复父母所走过的人生道路，他们内心的愿望与父母的期望很难合拍，但是，由于孩子在生活上必须依赖父母，不能有丝毫的反抗，有很多时候即便是服从了父母的决定，仍无法产生学习的驱动力，有的人还会以消极的态度对待自己的学业。

我国人很早就知道凡事不可勉强的道理，《三国志》中有这样的名言："人各有志，出处异趣，勉卒雅尚，义不相屈。"因每个人的兴趣不同，思想观念都有很大的区别，应该彼此鼓励追求更高的目标，而不是互相趋同。

如果孩子的选择与父母的期许相同，当然双方都值得庆幸，甚至可以在孩子很小的时候就开始畅想功成名就后的美好前景；当孩子的选择与父母的期许不同时，父母应该把自己的期望放在一旁，给孩子让出自由发展的道路，哪怕孩子的选择有些不可思议，父母也应该给予积极的支持和鼓励，以所能够提供的外驱力与孩子自身的内驱力相协同，使孩子得到更快的发展。

> 父母可以有自己的理想，但干涉孩子的个人理想，就等于不承认孩子的人格。青少年不良行为的种子，最初就是从这里萌芽的。
>
> ——池田大作

第八章
不急不慌，培养孩子需要慢工细活

回答在当下，保护孩子的求知欲

孩子对世界上的许多事物充满好奇，上至风雨雷电、卫星飞船，下至江河湖海、地上万物，他们什么都想知道，于是"是什么""为什么"等许多问题经常从孩子的口中问出。如果父母认为孩子的问题幼稚、稀奇古怪或者是匪夷所思，不予回答，或者是带着不耐烦的情绪草率回答，那就是在无形中用不负责任的态度压抑了孩子的好奇心和求知欲，更为严重的是抹杀了孩子最可贵的求知精神。

鹏鹏和爸爸一起去买东西，爸爸拿出钱包的时候，他好奇地问："爸爸，钱是怎么来的？"爸爸觉得一句话两句话说不清楚就说："等爸爸有空时讲给你。"此后，鹏鹏的爸爸一直在琢磨该怎么给儿子一个合适的回答。几天以后，他想把"钱是怎么来的"讲给儿子，可鹏鹏正着迷于新买的电子挖掘机，怎么也不肯听爸爸讲有关钱的来历了。

孩子提出的问题时，看似随意而为，但是也是针对具体情境中的某件事情表现出的不解。而且孩子注意力集中的时间短，可能转眼就会忘记自己问过什么，父母如果过了很久才回答孩子的问题，就会像鹏鹏那样，再提起时孩子已经对这个问题失去兴趣了。父母如果遇到自己也不懂的问题，可以和孩子一起通过看书或通过网络查寻找答案，在这个过程中，孩子不仅会弄懂自己的问题，动手能力、思考能力也能得到锻炼。

提问是孩子获取知识的方法，孩子所问的内容必定有不合大人思维逻辑的地方。如果进行认真分析不难发现，人类的知识进步、文明的发展不外乎是在对一些可笑问题的解决中向前迈进的，所以无论孩子提出什么样的问题，都应该及时地、用亲切的语气予以回答。如果大人嘲笑他、指责他，那他就会因害羞、恐惧而不再提问了。

父母认真回答孩子的问题，并要充分利用孩子的提问传授知识，使孩子养成爱学习、勤思考的习惯。有些父母有这样的疑虑："从孩子懂事时，我们就注意开发他的求知欲，他问的每个问题都尽量回答，可他还是不爱学习。这是怎么回事？"其实，父母不必为这个问题担忧，孩子一时不爱学习，不代表他总会这样，人的心智改变有一个从渐悟到顿悟的过程，成才不是一蹴而就的事，父母不可以失去耐心。事实上，许多孩子不喜欢学校安排的学习内容，也就是人们常说的"不愿意学习"，但是并不代表孩子真的不爱学习，他们渴望按照自己的意愿来学习，渴望学习自己感兴趣的知识，只有尊重孩子的意愿安排学习内容，他们才能够在学习的过程中全神贯注，以较高的热情投入其中。随着孩子的长大和教育的改革，每个孩子都能找到自己喜欢学习的内容，父母要以持之以恒的精神引导、辅导孩子，对孩子提出的问

第八章
不急不慌，培养孩子需要慢工细活

题给予及时、准确的回答。

英国男孩达尔文6岁时，妈妈苏珊娜带着他去花园里散步，正巧遇上公园里举行义务栽树活动，达尔文好奇地问："妈妈，他们为什么要给树苗培土？"妈妈回答说："是为了让树苗像你一样茁壮成长，因为泥土给万物的生长提供养料。"达尔文眨了眨眼睛继续问："妈妈，那泥土里为什么不长出小猫和小狗呢？"妈妈笑着解释说："小猫和小狗是猫妈妈和狗妈妈生的，不是泥土里长出来的。"听妈妈这么说，达尔文的好奇心还没有得到满足，他又问："那人最早的妈妈是谁呢？"妈妈说："书里说最早的妈妈是夏娃，夏娃是上帝造的。"说到这里，达尔文还想寻根问底："上帝是谁造的呢？"妈妈非常耐心地说："亲爱的儿子，世界上有很多事情对所有人来说都还是一个谜。我希望你长大之后自己去寻找答案，做个能解开许多谜底的学者。"达尔文写出了《物种起源》这部巨著，为悬而未决的物种起源问题给出了答案，他成为了世界瞩目的生物学家。

美国发明家爱迪生曾说，"天才就是1%的灵感加99%的努力"。没有人无须努力就能做出天才之举，也没有人注定要一生碌碌无为。父母要以积极的态度对待孩子的求知欲，细心聆听孩子的提问并尽可能地予以解答；力求做到触类旁通、以答引思、以思助研，以此来促进孩子的智力的发展。

> 发明千千万，起点是一问。人力胜天工，只在每事问。
> ——陶行知

父母的
情绪影响孩子的一生

深刻领悟"教育是缓慢而优雅的过程"

随着社会经济文化、科学技术的快速发展,人们的生活节奏越来越快,青年在社会发展中的作用越来越重要,社会精英人群越来越年轻,他们成为掌握权力、物质和科技资源的重要群体。

有学者做过这样的统计:科学家发表学术著作的年龄在逐渐提前,也就是说年轻化的趋势在加强。16世纪科学家发表重要学术著作的平均年龄是50.1岁,而20世纪上半叶已降到了34.9岁,相当于提前了15年。据此,他们还推测21世纪和22世纪科学家发表重要学术著作的平均年龄应为32.73岁和30.06岁。不管这种推测有多大程度的可信性,但科学家发表重要著作的年轻化特征十分明显。由此看来"时光催人老"不是一句感慨,而是确确实实的一种现实。

在这样的社会背景下,父母望子成龙、盼女成凤的心情非常焦急是可以理解的,青年时期就已经成才的父母,不希望自己的孩子被社会潮流所淘汰。正处于青年时期或中年还未成才的父母,希望自己的孩子不要重蹈覆辙。无论是哪种父母,都倾尽全力给孩子最好的教育、创造最好的成才条件。于是孩子在课余时间要上各种特长班,回到家里除了学校的作业、特长班的作业,

第八章
不急不慌，培养孩子需要慢工细活

还有父母留的作业，作业永远没完没了。用一句网络流行语来形容孩子，叫"玩命加载中"，时刻向最高目标冲击。

父母这样做的理由很充分，比如著名钢琴家郎朗以及在奥运会摘得金牌的青少年冠军，都是现实中的标杆，都会成为父母嘴边的励志对象。但是由于父母给的压力太大，使很多孩子失去了学习兴趣，从此一蹶不振。孩子的生命很脆弱，不能承受过量的学业负担。父母应该为他们减负、再减负，而不能加载、再加载。

佳惠上中学后作业量比小学时增加不少，写作业慢的毛病就突显出来。她每天晚上都得到10点以后才能睡觉。妈妈经常催促她快些写作业，可是怎么也不见成效。有一天，妈妈很严肃地对她说，如果你还是磨磨蹭蹭的话，妈妈和爸爸就一起陪你写作业。妈妈说话算数，果然每天和爸爸轮流坐在佳惠旁边，看着她写作业。这样做尽管有些效果，但是佳惠明显出现了不满的情绪，再说父母也有自己的事情要做，怎么可能天天都陪女儿写作业呢。怎么办？佳惠的妈妈觉得还得跟女儿好好谈谈。

一个星期天，妈妈给佳惠买了一个新书包，趁女儿高兴就问她为什么写作业这么慢，佳惠说："就算我提前写完了作业，还要做你给我额外加的数学题，我不喜欢做你留的作业，写慢点儿就可以不做了。"听了这话妈妈才恍然大悟。原来她是为了逃避额外的家庭作业才故意拖延时间的。两利相权取其重，在"增加课外练习"和"快速完成作业"二者之间，妈妈决定放弃每

父母的
情绪影响孩子的一生

天给佳惠加的数学课外题。这倒不是完全为了顺从女儿的想法，是因为女儿学习效率低关系到她良好习惯的养成和未来的做事风格。

佳惠的妈妈对女儿说："我决定取消每天给你加的课外练习，但条件是，除了特殊情况，每天必须在晚饭后两小时内写完作业。"佳惠听妈妈这样的说，高兴地过来在妈妈的脸上亲了一口："我以后保证又快又好地写完作业。"

从此以后佳惠写作业时不再磨磨蹭蹭的了，为了提高学习效率，实在做不出来的题就跳过去，把其他的作业都写完了，再向爸爸妈妈请教难题的解法。每天能很快完成作了业，余下的时间，她有时看看漫画，有时读读科幻小说，学习的压力不大，成绩反而越来越好了。

"教育是一个缓慢而优雅的过程"，这句话形象地阐明了教育取得成效的独特性。"缓慢"是指需要父母和孩子一起去感悟，尤其是父母要在孩子的教育过程中有独特的理解、独特的发现，针对具体问题及时调整策略，达到潜移默化、循序渐进的目的。"缓慢"需要父母肩负永恒的责任，有足够的耐心，减少内心的浮躁，抑制功利意识的抬头。"优雅"本身就要求父母摒弃急躁、焦虑的心理，更不能以简单粗暴的行为对待孩子。

著名学者张文质在《教育是慢的艺术》一书中写道："很多教师和家长有太多的恨铁不成钢、太多的急功近利、太多的急躁和揠苗助长、太多的高期待和不理解。""我们要学会妥协，学会

第八章
不急不慌，培养孩子需要慢工细活

调整，在妥协中前进，在调整中提高。"父母一定要把对孩子的教育步骤减慢，以"牵着一只蜗牛去散步"的心态，陪伴孩子慢慢地完成知识的积累，一步一步地沿着知识的大道前行。

> 在任何力量与耐力的比赛中，把宝押在耐力上。
> ——普雷斯科特

第九章
戒骄戒躁,帮成绩好的孩子拓展思维格局

对于孩子成才而言,学习成绩与身心健康如同一架天平的两端,只要一端出现问题,另一端必然瞬间坠落。有的孩子虽然号称学霸,考上了顶级的名牌大学,但因心胸狭窄、极端自私而做出了令社会不容、父母痛心疾首的恶行。还有的孩子因长期性格压抑患上精神类疾病,以致无法正常学习工作顽疾。父母的思想意识不要受一俊遮百丑、不以一眚掩大德的晕轮效应的影响,要引导孩子拓展思维格局,注重身心健康的发展,使孩子成长为积极向上、凝聚正能量的优秀学子。

父母的
情绪影响孩子的一生

做最聪明的父母,"优等生"会更优秀

一个人是否聪明有两个标志,一个是高智商,一个是高情商。学习成绩好的孩子说明智商比较高,父母在内心里感到十分妥帖时,要认真观察孩子的情商,如果哪个方面表现得不够优秀,就要注重培养和锻炼,通过补齐短板来提高情商。

情商通常是指心理学家提出的与智商相对应的一个概念,即情绪商数。主要是指人在情绪、意志、耐受挫折等方面的品质。情商与智商相比,其受先天因素的影响比较小,人与人之间的情商差别,更多的是与后天的培养息息相关。从最简单的层次上下定义,提高情商是把不能控制情绪的部分变为可以控制的情绪,从而增强理解他人及与他人相互协作的能力。如果一个人想成为团队中的佼佼者,必须有较高的情商。

心理学上有个著名的木桶定律,意思是说一只水桶能装多少水取决于它最短的那块木板。如果想让木桶盛满水,必须每块木板都一样平齐且无破损,如果这只桶的木板中有一块不齐或者某

第九章
戒骄戒躁,帮成绩好的孩子拓展思维格局

块木板下面有破损,这只桶就无法盛满水。木桶定律也称为短板效应。人的情商包括意志品质的许多个方面,父母要思考哪一个方面是孩子的情商短板,并尽早补足它。使孩子的情商跟上智商相应的高度,获得人生阶段性的圆满。这就需要父母给出相应的指导,并以自身的行为对孩子施以深度的影响。

在年轻一代知识分子当中,智商和情商都比较高且颇具人格魅力的,当属从美国留学回来后在清华大学任副校长的施一公。他在中学时期因学习成绩优异,获得了1984年全国高中生数学联赛河南赛区第一名,从而被保送到清华大学生物系读书。毕业后到美国留学,在约翰霍普金斯大学获博士学位。施一公多次在讲话中谈到,自己的个性品质受父亲的影响非常大。

施一公的父亲毕业于哈尔滨工业大学,母亲毕业于北京矿业学院,都是20世纪50年代的大学生。施一公两岁时,随父母下放到河南省驻马店的一个小村庄里。生活虽然比较清苦,但是幽默的父亲在家里常常给孩子讲笑话、开玩笑,由于他性格豪爽,待人宽厚,从不斤斤计较,深得乡亲们的敬重。

在驻马店生活的那几年里,父亲常常骑车带施一公出去,一边骑车一边吟唱样板戏选段,许多经典唱段都是在父亲的自行车上听会的。在农村,施一公的父亲不仅学会了所有的农活,还自学了裁缝和理发。每年过春节会给全村人裁做上百件衣服,平时全村人都来家中理发,最重要的是所做这些都是免费。施一公的父亲是个有胸怀、有气魄的人,就连给孩子取名都取"一心为

父母的
情绪影响孩子的一生

公"的两个字。

不知不觉中,父亲就成了施一公的偶像,做事的时候总想得到父亲的夸奖,父亲对他很慈祥,却很少会表扬他;即使在他获得"1984年全国高中生数学联赛河南赛区第一名"的荣誉,也只是轻描淡写地赞扬了两句,并要求他要看到不足,戒骄戒躁。

施一公在读高中时,学习成绩非常好,想申请加入团组织,可是老师说他发展不够全面,还需要进一步努力。恰好在这时学校要举办运动会,班上没人愿意报5000米和10000米长跑。为了好好表现,他就毫不犹豫地报了名。但是那次比赛,他跑了倒数第一,让他羞愧难当。在后来的日子里,他就天天练习长跑,希望有一天能够一雪前耻。

第二年,他又报名参加长跑比赛,功夫不负有心人,这次他拿到了冠军。这无意中锻炼了他的体魄,磨炼了他的意志。后来,到清华大学读书,他还想继续跑长跑。可是,学校长跑队只招收专业运动员,所以他改练竞走。他曾夺得清华大学万米竞走冠军,并创造了全校竞走的记录。施一公说:"万米竞走要绕操场走25圈,每走一圈就打一次铃来提醒你。这种体育项目特别能锻炼人的意志品质,这让我在日后的学习、生活和工作中获益匪浅。"

施一公在归国前是美国普林斯顿大学终身教授,美国国家科学院外籍院士。施一公说:"直到现在,做每一件大事的时候总能想到要对得起父亲的在天之灵。我觉得从小到大,一直到清华毕业至今,对我影响最深的人是我的父亲。"

第九章
戒骄戒躁，帮成绩好的孩子拓展思维格局

施一公不仅在做学问上是个佼佼者，他的凝聚力也非他人可比。他回到清华大学后有数十名顶级海外学子在他的感召下回国参与科研和教学，足以见其人格魅力的影响之大。笔者认为施一公是智商和情商都很高的智者。

一个人情商高的主要表现是能进行自我激励。随时能够依据心里的某个目标，调动、指挥情绪，使自身获得能量向更高的目标进发。在这一点施一公做得非常好，无论是要求入团，还是以父亲的表扬为动力，都能使自己不断走向人生的制高点，可以说情商和智商的双向发展使他成为同龄人中的出类拔萃的人。

心理学研究表明，情商的发展为智商的发展确立了基本的方向。情商较高的人能够充分有效地利用自己现有的智力资源，并使自己的智力朝着能够产生最大效能的方向发展，而不是盲目地发展自己的智力。因此，情商与智商是辩证的关系，如果一个人情商很低，会限制智力能力的发挥。

有一位妈妈在指导孩子学习方面有着超乎寻常的能力和技巧，她的儿子两岁就认得1000多个字。小学阶段只读了二年级和六年级，8岁就跳级升到了重点中学。这种突出的学习成绩，使他的妈妈代管了他的全部生活，13岁时，他考进湖南的一所大学。在读本科时期，学校的老师和同学看到了他的超常智力，同时也感到了他的与众不同。有位老师在谈到他时说："可以过目成诵，记忆力超强。"本科期间妈妈一直陪读。为了让儿子专心读书，所有的家务事情她都自己做了，不让他为生活分一点心思。这期间，这位很有

父母的
情绪影响孩子的一生

才华的妈妈还指导了一位中学生的学习，使其考上了重点大学。

这位超级妈妈的儿子本科毕业后，以高分考上了中科院硕博连读的研究生。然而十分可悲的是，这一次妈妈不能跟在他身边了，儿子的日常生活陷入了困境，连按季节变化换衣服这样的小事都不能及时做好，大冬天竟然穿着拖鞋去逛长安街……诸如此类的不适，使他后来不得不退学回家，没有能完成学业，让他的妈妈和对他抱有期望的老师感到非常遗憾。

情商低的人，生活中严重依赖他人，心中没有确定的目标，克服焦虑的能力也非常差。上例中的妈妈是个智商很高的人，能够很好地引导开发孩子的学习能力，但是却不能明确地认识到情商短板的负面影响，在孩子成长的过程中没有很好地培养他的情商，最后导致了孩子的悲剧。

一个人情商高的表现还体现在对自我的充分了解，具有很好的自我管理能力。父母一定不要在孩子的长成阶段"呕心沥血"，生活中的一切都由自己代劳。否则，既会使自己疲惫不堪，也限制了孩子的自我认识、自我管理的能力增长。前苏联教育家苏霍姆林斯基说："儿童的智慧在他的手指尖上。"父母对这句话要有充分的认识，让孩子管理好自己应把这看成是智商和情商发展的共同需要，自然不会以事无巨细的方适阻碍孩子和智力发展。

> 君子之于子，爱之而勿面，使之而勿貌，导之以道而勿强。
> ——荀子

第九章
戒骄戒躁，帮成绩好的孩子拓展思维格局

孩子骄傲自满，父母要进行"冷处理"

谦虚谨慎是中华传统品美德的重要组成部分，也是思想道德教育的重要内容。能否做到谦虚谨慎也是衡量一个孩子是否能成为优秀学生的重要标准。"谦虚使人进步，骄傲使人落后。"谦虚谨慎不仅可以让孩子在学业上赢得进步，还可以赢得他人的尊重。懂得谦虚谨慎会促进学习成绩与人格的双重进步，这对孩子一生的成长和未来发展都非常重要。

在讲到中西教育理念的差异时，许多人认为外国教育注重张扬自身优点而不强调谦虚谨慎。其实不然，他们在教育孩子时同样主张抬头看别人、低头看自己，以戒骄戒躁为荣，只是不主张过度谦虚，不要降低自己的人格。

卡尔·威特是德国的一位天才少年。他八九岁时就能自由运用德语、法语、意大利语、拉丁语、英语和希腊语这六国语言，学习了动物学、植物学、物理学、化学的许多知识，尤其擅长数学；10 岁时他进入了哥廷根大学；14 岁就被授予哲学博士学位；16 岁获得法学博士学位，并被任命为柏林大学的法学教授。卡尔·威特的父亲是位牧师，他的成才得益于父亲的谆谆教诲。

父母的
情绪影响孩子的一生

在卡尔长大一些时,他的父亲就这样告诫他:"无论怎样聪明,怎样通晓事理,怎样有知识的人,与无所不知、无所不能的上帝相比,只不过都是沧海一粟而已。只有粟粒大的一点儿知识就骄傲的人,实际上是很可怜的。""不要把人们的表扬放在心上,喜欢听表扬的人必然得忍受别人的中伤。被人中伤而悲观的人固然愚蠢,稍受表扬就忘乎所以的人更是愚蠢的。"

在神童的光环下,卡尔没有变得骄傲自满,父亲经常教导他要谦虚谨慎,他还有一个很特别的做法,那就是不容许别人随意夸奖儿子,甚至为此不让一些亲戚朋友到他家里来,惹得许多人说他是"老顽固"。当遇到有人执意要到他家来拜访时,也要事先说好了不夸奖孩子。这样一来,虽然在许多人看来卡尔的聪明真的让人很惊讶,但是因为在卡尔本人看来,小小才华不足称道,因此,他从未骄傲自满,这为他后来一生的成就起到了关键的作用。

卡尔在23岁时出版《但丁的误解》一书,成为研究但丁的权威学者,并因此使卡尔·威特的名字享誉欧洲。与那些过早失去后劲的神童不同,他一生都在德国的著名大学任教,在有口皆碑的赞扬声中,他一直工作到83岁那年去世。

据专家研究表明,那些天赋极高的神童往往容易在成年时止步不前。许多潜质好、少年时成绩优秀的孩子,之所以没能如愿地成为国家栋梁,正是缘于孩子不懂得用谦虚谨慎来要求自己,有了一些成绩就骄傲自满、狂妄自大,因为"一瓶不满,半瓶晃

第九章
戒骄戒躁，帮成绩好的孩子拓展思维格局

荡"而毁掉自身的前途。

孩子所具备的很多品德都是由谦虚谨慎延展而来。不懂谦虚谨慎的孩子就会失去宽容、诚实、善良、团结他人等优秀品质，所以，父母要从小教育孩子学会谦虚谨慎，发现、尊重和学习他人的优点。

父母是孩子的表率，要教育孩子谦虚谨慎，自身就不能骄傲自满的人，一言一行都要尊重他人，以谦谦君子的形象给孩子以深远影响。如果父母是一个骄横霸道的人，他们教育孩子不骄不躁，虚怀若谷，哪儿来的说服力呢？

人的生命是有限的，但知识的摄取是无限的。真正有大气魄、大作为的人，都不会认为自己已经达到了最高境界而停步不前、趾高气扬，如果那样的话，原来落在后面的对手就会追上自己。所以谦虚谨慎的品格不仅包括良好的学习态度，也是为人处世的必须遵守的准则。孩子具有谦虚谨慎的品格，不断地用知识和经验来丰富自己，具有包容万物的美德，在人际交往中能得到别人的尊敬和赞扬，而骄傲自满、目空一切的人，必然无人欣赏，甚至遭人厌恶。作为父母，让孩子养成谦虚谨慎的好品格，对其各方面能力的发展也大有益处。

教育孩子不因为有了好成绩而自以为是，父母要掌握一些教育引导孩子不断努力的策略。首先要让孩子明白自己取得好成绩的相对性。即使在班级里拔尖，与同年级、同学校、同地区等其他人相比，也会有差距，高考时名校是以全国的考试成绩为准，

一时、一域成绩好未见得是优势；其次，让孩子正确评价自己的长处和短处，教育孩子学会客观地评价自己，既要看到长处，也要看到短处，不要对自己的综合能力估计过高，更不能以偏概全。每个人的能力都是有限的，要成就一番大事业，必须比别人更加努力地学习、不断增长各方面的才干，如果骄傲自满，不思进取，最终将成为无所作为的庸人；再次，让孩子懂得知识的广阔性和纵深性，孩子智商较高或对某些学科擅长，并不等于将这门学科的知识都学到手了，每一门学科的发展都是无止境的，即使是该学科的专家也不敢说他的研究和探索已经穷尽，"活到老，学到老"是所有追求者的人生信条。

社会的高度信息化，要求精英人才都必须是复合型人才。父母应全面发展孩子的学识，当孩子学习成绩好且又有许多的空闲时间时，可以让他提前学习高年级的知识或做更深入的研究探讨，在全新的知识海洋中奋勇搏击，在克服困难的过程中不断进取，自然就去掉了骄矜之心，更不会为一时所得获的成绩感觉自己有多么高高在上了。

> 智慧是宝石，如果用谦虚镶边，就会更加灿烂夺目。
>
> ——高尔基

第九章
戒骄戒躁，帮成绩好的孩子拓展思维格局

挫折教育，让孩子在舒适的生活中经受风雨

美国思想家爱默生说："每一种挫折或不利的突变，是带着同样或较大的有利的种子。"孩子在受教育的过程中遭受过挫折，会激发出更大的潜能，更加有利于提高自身的文化素质，增强各个方面的能力。正所谓"激流只有碰撞到岩石，才能激发出美丽的浪花"，不经受挫折的孩子不会真正地长大。

有个在城里长大的男孩到农村走亲戚，发现大伯家的玉米地里玉米苗长得很矮，地也干旱得有裂纹了，可周围其他人家的地里的小苗已长得很高。他问大伯为什么不给玉米浇水施肥，让小苗长得更快，大伯对他说："这叫控苗。玉米苗刚破土的时候，要旱上一段时间，让它深扎根，以后才能长得旺，才能抵御大风大雨。"过了一个月后，男孩子又来到大伯家，好奇心使他想到地里看看玉米苗长得怎么样了，可第二天下了大暴雨。等到雨过天晴时，他跑到大伯家田地里去看，他果然看到令他对大伯心生敬意的情景：除了大伯家田里的玉米安然无恙外，别人家地里的玉米苗都东倒西歪的，人们都在地里忙着扶苗。

这个故事像一则寓言，阐释了一个人生道理：孩子在青少年时期吃点苦，经受一些挫折，会增长更多的见识，积累人生的阅

父母的
情绪影响孩子的一生

历,并因此变得坚强而智慧。

"不经一番寒彻骨,哪得梅花扑鼻香。"那些到达光辉顶点的人,大多数都是在生活中遭受过挫折的人,有的人甚至经受过常人难以承担的磨难。为什么面有"大难不死而后生"的道理,这是因为很多自认为自己聪明的人往往会选择走一些所谓的捷径,丧失一些非常有意义的锻炼机会;在人生道路上饱经风霜的人,会更加珍惜转瞬即逝的机会,付出全部的智慧来实现人生的目标。

由此看来,孩子在青少年时缺少挫折教育就是真正的缺课,而因为缺课所造成的损失是难以弥补的。很多"优等生"一直都在顺境中长大,生活上无忧无虑,同学、老师、父母如众星捧月一般,因此,他们完全没有忧患意识,一旦遇到打击、遇上挫折的时候,他们会表现得手足无措,不知道如何应对,很多孩子会选择逃避和躲闪,随之而来的就是一蹶不振、心理防线完全崩溃。为了能让"优等生"在遇到挫折时能勇敢地面对,父母应配合学校对孩子开展挫折教育。

婷婷是个非常聪明的女孩,学习成绩非常好,但她也是一个很不幸的孩子,在读小学二年级时,母亲因车祸去世,由于父亲的工作非常忙,她便到爷爷奶奶家生活,为了弥补婷婷幼小心灵所受的创伤,爷爷奶奶姑姑叔叔整天围着她转,给她吃好的,穿好的,用的也是高档学生用品,除此以外,他们还告诉学校的老师多一定多多关照。老师对她的不幸深表同情,处处给以更多的

第九章
戒骄戒躁，帮成绩好的孩子拓展思维格局

关心和照顾，不仅经常表扬她，班级搞什么活动，只要她愿意都让她去参加，甚至她不用参加班干部选举，都会破格让她当选小队长，虽然婷婷从小失去母亲给她带来了一定的伤害，但周围人对她的过分疼爱则给她带来了更大的伤害。

婷婷读四年级时班主任老师换了，虽然家长马上就跟新班主任洽谈，要如何关照婷婷，但是老师却有自己的想法。由于班级里搞新年文艺表演时，老师没有让婷婷当主持人，她回家后大声痛哭，还说不想活了要跳楼，一家人想尽各种办法安慰她。这时正好婷婷的父亲来看望她，见婷婷如此"小题大做"，觉得她已经被家人和老师宠坏了，承受不了一点挫折。父亲主动与老师进行了交流，发现女儿的问题很严重，只要老师批评一句，她就会闹几天情绪。父母和老师商量，以后一定要让婷婷和其他同学一样，不能事事都顺着她，也不要给予她特殊的关照。

有一次，班主任老师上课时进行提问，婷婷举手了却没被叫起来回答问题，她就故意把书本摔得啪啪响，发泄完了两眼看着窗外不回头。下课后，老师找她谈心，语重心长地告诉她，这个社会是公平的、竞争的社会，个人总会有不顺心的地方，遇到挫折应想办法克服，不能怨天尤人。此后，老师在班中开展了一次"如何参与竞争""万事要靠自己争取"的主题班会，婷婷明白了要靠自己的力量克服困难，荣誉要靠自己努力去争取的道理。从此以后，婷婷开始主动关心同学，各项活动都积极参加，第二学期班干部选举，婷婷进行了慷慨激昂的演讲，被同学们推

父母的
情绪影响孩子的一生

选为班长。事后,她对老师说:"通过自己努力争取来的荣誉,远比老师送给的更令自己感到高兴。"后来这个进入常态化的不幸女孩子越来越有自信,性格也变得非常坚强,还被推选为中队长。

心理学家把承受挫折与失败的能力称为耐受力。一个人的耐受力的形成和青少年时期成长的环境有很大的关系。生活在现代社会的孩子,享受着丰富的物质生活和优越的条件,又因为家庭中孩子少,父母给予过度保护以及学校疏于挫折教育,造成了青少年耐受力较差的现象,他们经不起挫折,吃不了辛苦,受不了委屈。美国儿童专家曾做过这样的总结:"有十分幸福童年的人,常有不幸的成年。"很少遭受挫折与失败的孩子,长大后会因为不适应激烈的竞争和复杂多变的社会环境,不仅内心深感痛苦,还缺乏积极向上的进取精神。鉴于此,现在挫折教育在许多国家都得到了重视。瑞典、美国、日本、德国等国家,都开设了这方面课程,虽然方式方法各不相同,但核心都是一个:在孩子经受挫折教育的过程中,激发生命潜能,提高应变能力和解决问题的能力。

随着我国政治经济文化的快速发展,许多孩子长大后将会面临着更为激烈的竞争,优胜劣汰的规律将使他们经受人生大起大落的考验。为了使孩子在未来的竞争中有胆有识地面对来自各个方面的风霜雪雨,成为越挫越勇、开拓创新的强者,必须从现在做起,让孩子走出温室,经受困难与挫折的磨炼。

第九章
戒骄戒躁，帮成绩好的孩子拓展思维格局

> 没有播种，何来收获；没有辛劳，何来成功；没有磨难，何来荣耀；没有挫折，何来辉煌。
>
> ——佩恩

对成绩突出的孩子，父母更应关注他的心理健康

成绩好的孩子在家受到父母的宠爱，在学校受到老师的偏爱，在社会受到人们的关爱，可以说是"集万千宠爱于一身"，好像没什么缺点和不足需要引起父母的重视了。既然孩子如此"省心"，父母似乎只需把大部分的精力都放在为孩子打理生活上，从而忽略了对孩子心理健康的关注。其实，许多成绩好的孩子身上存在着很多隐形的心理问题。因此，父母在为自己孩子的好成绩而感到高兴时，更应该警惕可能出现的这样那样的心理问题，并找出应对的策略。

有专家研究结果表明，有近半数的优等生在心理方面存在问题，他们不能正确地对待自己的学习成绩，不能正确地评价自己，也不能正视自己的荣誉，具有"优等生心理综合征"的各种特点。

心理学专家得出的一项重要数据更应引起家长的重视：有

父母的
情绪影响孩子的一生

40%～60%的优秀中学生，存在不同程度"优等生心理综合征"的表现，其中女生的比例还要更高。他们强调优等生是一群需要引起关注的特殊群体。"优等生心理综合征"有这样几个特点，以过分追求完美为主要性格特征，以关注环境的消极面为认知事物的特征，以过分关注自己的形象和他人的评价为人际关系特征，以优柔寡断为意志品格特征，以弥散性紧张、焦虑为情绪特征。无论成绩多么优秀的学生，在心理健康方面具有以上一至二个明显特征，不仅会使正常的学习生活无法进行，更会影响今后是否能取得成就，这一点就连世界著名的神童也不能例外。

鲍里斯·席德斯是美国著名的心理学教授、医学博士、哲学博士，他的妻子萨拉·曼德尔鲍姆是医学博士。鲍里斯·席德斯系统研究了风靡欧美的卡尔·威特的教育理论。同时，他还利用自己在心理学方面的专长，开创了"席德斯式教育法"。这对学者夫妻最著名的成就之一是将儿子威廉培养成了神童。

威廉2岁时学拉丁文，3岁时学中文。4岁时可以用希腊文阅读荷马史诗，用拉丁文阅读文献著作。6岁时学解剖学和亚里士多德的逻辑学。7岁时通过哈佛大学医学院的入学测试。在4岁到8岁之间就已经写了四部书。

威廉在8岁时，可以流利地使用拉丁语、希腊语、法语、俄罗斯语、希伯来语、土耳其语，自己还发明一种新的语言，自称Vendergood。9岁时通过哈佛大学入学测试。10岁时就能修改哈佛大学逻辑学教授书稿中的错误。11岁时入哈佛大学读书，精通

第九章
戒骄戒躁，帮成绩好的孩子拓展思维格局

高等数学和天体运动学。曾在哈佛数学俱乐部做"四维体"演讲。

威廉16岁时以优异成绩从哈佛大学毕业，获得文学学士学位。17岁至21岁时在哈佛大学任教并继续学习。他教三门课程《欧几里德几何》《非欧几里德几何》和《三角学》。曾有麻省理工学院教授预言，他会成为伟大的数学家，未来在该领域成为领袖级人物。

当时纽约智能测试协会主任亚伯拉罕·斯珀林说："我已经测试了超过五千人。威廉是我所见过智力最优越者，没有任何人的智慧和敏锐观察力能与他接近。根据我的计算，他的智商可以很轻易超过230，甚至更可能高达250，他是有史以来最聪明的人。"

这个举世公认的神童最后怎么样了呢？21岁时，因为参加社会主义者游行被逮捕，并被判入狱18个月，由于他以前在社会上名气非常大，这件事引起了轰动。在审讯期间他的行为表现得极为怪诞，说自己是第一次世界大战的反对者，是社会主义创立者……他的父母认为他有些神经错乱，送他去疗养院，并着手"改造"他，后来打算把他送到精神病院治疗，但是遭到威廉的拒绝。他23岁时过上了独立的生活，与父母产生很大的隔阂，自参加社会活动经受挫折后，他的行为变得性格抑郁，最终淡出了公众的视野，没有取得令人期待的成就。46岁时他死于脑中风，死时一贫如洗。

父母的
情绪影响孩子的一生

　　威廉·詹姆斯·席德斯是一名悲剧性的天才人物，一名拥有极高的数学、语言天赋的失败者，也是最著名的神童但无较大建树的典型。他的心理问题主要表现在"以关注环境的消极面为认知事物的特征"，在遭遇人生的挫折之后，他再也不从事数学方面的工作，也尽量避免人们与他谈及数学，只以隐姓埋名的方式从事写作，有的著作不仅未公开出版，也不为他人所知。以如此消极的态度对待人生和事业，怎么会取得应有的成就呢？

　　对于学习成绩优秀的孩子，父母要经常与其进行心理沟通，发现问题也可以马上寻求心理咨询师进行心理辅导。很多成绩优秀的孩子都比较敏感，所以在对其进行心理辅导时，一定要注意方式方法，既要尊重他们、理解他们的内心感受，又要帮助他们摆脱心理困扰。父母在对孩子的才能给予一定限度的鼓励与肯定的同时，也要针对不足之处进行适度的教育批评，慢慢消除"以过分追求完美为主要性格特征""以过分关注自身形象和他人的评价为人际关系特征"中的各种表现，做到针对孩子不同的心理问题对症下药，从而减轻并消除各种各样的心理问题。

　　父母要注意及时疏导孩子的不良情绪，缓解学习压力，从而给孩子营造一个良好的家庭氛围。体育锻炼、参加文艺活是消除各种不良情绪的好办法，在这方面，父母一定要多提供环境方面的有利条件。有一位父亲一旦发现读高三的女儿情绪不好，就带着她去爬山。父亲带着女儿沿陡峭的山路攀爬，同时还与女儿说说家常话，排除不良情绪的影响。父女二人到达山顶时，当女儿

第九章
戒骄戒躁，帮成绩好的孩子拓展思维格局

看到群山连绵巍峨，云雾在山间奔涌时，那无限风光荡涤了她心中的抑郁和不快，也让她体会到无限风光在险峰的那种壮美。女儿回到家中时心情舒畅了，坚持用积极的正能量主导了自身的意识和行为。

> 孩子健康心理的培养比对孩子身体的关心更为重要，孩子只有具备了健康的心理，才能挑战未来，走向成功。
>
> ——布鲁尔·卡特

打开视野，消融孩子的自负心理

孩子的自负心理来源于盲目自大，过高地估计自身的能力，失去了自知之明。自负的孩子一般都学习成绩比较好，或者在某项兴趣爱好方面有超出同学或伙伴的才华。他们习惯了喜欢自我标榜的思维模式，只是"坐井观天"地满足于眼前的成绩，往往没有远大理想和志向。由于心高气傲，自视过高，总爱抬高自己贬低别人，认为自己比别人强很多就固执己见，唯我独尊，将自己的观点强加于人，在明知别人比自己更优秀时，也不愿意承认，在明知自己的想法不正确时，也不改变自己的态度或接受别人的观点。自负的孩子不能平等待人，善于指手画脚，很难与同

父母的
情绪影响孩子的一生

学或小伙伴相处。自负的孩子情绪不稳定，当同学或小伙伴不理睬他时，就感到十分沮丧，当遭受挫折和失败时，又会自感从顶峰跌到了谷底，陷入悲观的情绪而不能自拔，由自负到自卑再到自暴自弃，从一个极端走向了另一个极端。

父母要帮助指导自负的孩子全面认识自我，不能总是把自己的长处和优点挂在嘴边，甚至拿别人的缺点和自己的优点相比较，要以客观的态度对待自己的长处和不足，即使有的同学或小伙伴在某些方面不如自己，但是其他一些事情自己也会不如别人。任何人都不敢说自己什么都会，什么都懂，是个全能型的人才。

任何人都会在某一个方面卓有成就，而在其他方面知之甚少，而且就算是在某个方面有所突破，也不能说自己是完全透彻地了解这个领域。任何人如果觉得自己很厉害而止步不前，那么，他很快就会被后来人超越。所以父母要引导成长中的孩子时刻保持谦虚的态度，越谦虚才能越进步。

女孩怡文是个学习成绩很突出的中学生，初中一年级只读了半个学期就跳级到了二年级，一些亲友和邻居知道后不断地夸奖她聪明，于是她就认为自己很了不起，有些看不起班里比她大一至两岁的同学，觉得他们没出息，眼神里总是流露出不屑一顾的神色。妈妈发现了女儿的这个毛病，及时地对她进行批评和指导，怡文才没有在自负的道路上滑得更远。

怡文升入高中后，由于初中跳级还是少学了不少东西，为了

第九章
戒骄戒躁，帮成绩好的孩子拓展思维格局

不落在别人后面，一直努力学习。虽然爸爸妈妈对她的要求不高，只要保持中等以上成绩就行，但是她还是尽了自己最大的努力去学习。结果出乎意料的是，期中考试总成绩排名全班第五，她的自信心增强了，但是藏在潜意识中的自负自傲之心又冒了出来。认为高中的课程也不过如此，用她的话说就是"一般般的了"。由于第一次考试就旗开得胜，此后的一段时间里有些放松和懈怠，上课时听讲也心不在焉。结果期末考试在班里的排名降到了第二十三名，这给自傲又自负的怡文敲响了警钟——不谦虚谨慎，很快就会被别人超越。

从此以后，怡文充分认识到了自负的"威力"，懂得了人一旦自负，就会失去成功的快乐，她给自己立下了这样的座右铭："可以自信，千万不能自负。"

正是由于自负的孩子缺乏自知之明，经常用缩小短处、放大长处的眼光看待自己，造成了对自己的能力水平的评价过高，对别人的能力评价过低的现象。父母应及时指导孩子学会欣赏他人，以促使其能以正确的视角看待自己和他人。孩子学会欣赏他人的优点和长处就不会自视过高。值得注意的是，在成年人看来客观对待他是件平常不过的事，但是对于孩子来说，学会欣赏他人并不是一件容易的事，需要父母在日常生活中经常提醒，从点滴做起，慢慢就会养成发现别人的优点和长处、看到自己的缺点和短处的好习惯。

凡是与同学、朋友相处融洽的孩子必定豁达开朗，目光远

父母的
情绪影响孩子的一生

大。父母应教导学习成绩好的孩子不要挖苦、讽刺别人,而应相互鼓励、共同进步,容许别人出现不足或失误。父母还可以引导孩子主动给同班同学、小伙伴找出几条优点,并对他们当中的出众之处给予赞扬。训练孩子跳出狭隘的自我小圈子,自负心理也就会悄然隐遁。客观的自我评价,树立良好的自身形象也会激发孩子奋起拼搏,超越自我的决心和力量。

有的父母望子成龙心切,孩子稍微有点进步就欣喜若狂,赞不绝口。久而久之,必然助长孩子的自负心理的膨胀。因此,父母在表扬孩子时,应避免感情激烈产生的副作用,尽量做到情感控制适度。有时对孩子轻轻地一个微笑、一个温暖拥抱,也会起到许多赞美之词难以起到的作用。并且,父母应尽量少在他人面前夸奖自己孩子,也不要得意于他人对自己孩子的溢美之词。因为小孩子看到那么多人肯定自己、夸奖自己,会产生错误的认知,以为自己真的多么优秀,从而强化了自负心理。

社会是一所大学校,父母要引导孩子多接触社会。当孩子看到外面纷繁复杂的世界,接触到比自己更优秀、更具特长的人,认识到"山外有山、楼外有楼""强中还有强中手",就不会为自己的一点点小成绩而自负。父母要多带孩子出去走走,看看外面精彩的世界,避免因夜郎自大而造成人格上的缺欠。

自负可使一个人膨胀起来,但永远不能支撑住他。

——罗斯金

第九章
戒骄戒躁,帮成绩好的孩子拓展思维格局

警惕成绩好的孩子发生"自我统合危机"

心理学上的"自我统合危机"也被称为"自我认同危机"。所谓自我统合是指一个人尝试把与自己有关的多种特质统合起来。也就是指,从过去与将来、现实与理想、主观与客观、自我与环境相互作用的视角,对自我形成一致性和连续性认识。针对青少年时期的自我成长而言,自我统合意识的形成是一种挑战,也存在着严重危机。如果不能化解这一时期的发展危机就会造成角色混乱,以致阻碍孩子后期的发展。

许多学习成绩一直优秀的孩子,在一片称赞声中长大,没有体会到失败的滋味,心理十分脆弱。他们在学习和生活中一旦遭遇挫折,就会对自己以及自己的优秀进行全盘否定。这就是青少年"自我统合危机"的主要特点。孩子随着年龄的增长,个人的自主意识和自主能力提高了,父母的期待也加重了,环境的压力也相应增加。他们要追求未来的生活就得面对发展的阻力与选择的困惑,就得接受竞争失败的现实。如果在学习和生活中在心理脆弱难以接受挫折和失败,就容易产生"自我统合危机"。

有一个学习成绩特别优秀的女孩,进入大学后学习成绩越来越差,与在高中时判若两人,大一时就因挂科太多被降级,她的

父母的
情绪影响孩子的一生

父母心急如焚,可又不知道该如何帮助孩子,因为他们找不到孩子的症结所在,最后只得向心理医生求助。

心理医生与女孩子经过长时间的交谈,才使她放下了心理包袱,说出了自己的心里话:"我在大一时与同学谈恋爱了,可是,过了两个月,那个男生却提出和我分手,理由是我学习成绩虽然优异,但是没有什么兴趣爱好,相处起来没有意思。"这个结果让女孩非常沮丧,一下子对过去的自己产生了强烈的抵触情绪,她认为学习好有什么用?结果还不是让自己喜欢的男孩子抛弃了。

心理医生知道了这个原因,对女孩进行了为期半年的心理诊治,才使她恢复正常的学习生活。

如果一个孩子在青春叛逆期发生"自我统合危机",对自己到底是怎样的人认识不清楚,就会无法接受并喜欢过去的自己,也不清楚自己将来到底想要成为什么样的人,出现这种角色混乱后,精神世界会失去重心,认为人只是他人期望的反应而已。如果不能迷途知返,就会一味地以走向反面来形成新的自我,可是这样做了,并不能真正达到对自己的认同,还会处于深度的困惑之中。这时,父母要帮助孩子寻求自己的人生方向、答案、信仰与价值,还要鼓励孩子发掘自身潜力,学习如何利用内在力量来走向新的生活。如果不能坚定地确认自己的人生建立目标,就会像上例的女孩那样,为了别人的期望而改变曾经优秀的自己,导致自己变成别人思想意识的产物,与真正的自我背道而驰。

第九章
戒骄戒躁，帮成绩好的孩子拓展思维格局

有个男孩擅长演讲，被所在中学的伙伴称为"演讲大王"。有一天，他去电视台参加演讲比赛。当他站在演讲台上正进行铿锵有力的演讲时，主持人举起了"超时"牌，这个男孩看到这一幕愣住了，还想继续自己的演讲，却被主持人制止了。他走下演讲台后就哭了起来。这时候，男孩的妈妈和辅导老师立刻围了过来，他们并不是安慰他、劝导他，而是纷纷开始埋怨主持人。男孩在大家的声援下也变得更加愤愤不平。比赛最后阶段，大会公布参加决赛选手的名单。男孩没有听到自己的名字，转身跑出会场向马路上疾驰的汽车撞去，幸亏电视台门口的保安见状奋力跑过去拉住了他，才避免了一场恶性事故。

孩子在青春叛逆期很容易因"自我统合危机"，引发人生意义危机。现代社会中的孩子，比从往任何社会的孩子的内心更加忧虑和焦躁。这种忧虑和焦躁并不是由缺衣少食引起的，而常常是一种没有具体根由的、无以名状的焦灼所致。他们常常不知道人生的目标是什么，也不能肯定自己生活的价值，无聊感、厌倦感、绝望感常常充塞着心胸。孩子出现了这样的一种精神状态就是人生意义危机的表现。如上例中的男孩在自我与社会角色存在矛盾与冲突时，就会情绪失控，将自我撕成了碎片。

为了避免这种现象的出现，孩子只要将一以贯之的自我与各种社会角色需要统一起来，把自我融入社会规则的综合体、社会多样性的统一体之中，就不会陷入了"自我统合危机"的困境。

父母帮助孩子建立正确的人生观和价值观，就能使其学会单

独地赋予自己生命的意义。孩子有能力决定自己的生活，就会使自己变得快乐，以正确的得失观来看待自己名誉。因此，父母必须在孩子与别人建立稳固的关系以前，使其自觉地与自己建立一种信任关系，这种信任会使孩子内心更宽广，意志力更强大。

父母要不断帮助孩子了解自己的心理特征、精神需要和关于自我形象的认定，知道自己的理想、信仰、追求的人生意义和价值，积极地塑造自我，在思想观念中形成自己的理想图示，就可将"自我统合危机"变成机遇，使之得到锻炼和成长。如果孩子面对危机时，能在父母的帮助下发生重大转机，危机就变为了成长的历练，人生道路也会越走越宽广。

> 教育的意旨并非知识的累积，而是心智上的能力的发育。
> ——赛珍珠

第十章
循循善诱,为孩子播种成功者的基因

21世纪的成功者一定是综合能力超强的人。其中包括独特的性格魅力、较强的专业能力,带领团队攻坚克难的领导力。站在机构最高领导者的角度来看人才需要,真正能挑大梁的人是综合素质高,在关键时刻能带团队冲破阻力使事业取得跨越式进展的人。父母对孩子的培养与教育,应从专业水平、心理素质、协调能力、领导能力等多个方面施以影响,及时发现孩子的天赋,扬长避短,使孩子成为善于选择、敢于决策、能大胆应对各种挑战的强者。

父母的
情绪影响孩子的一生

仔细观察，用敏锐的目光捕捉孩子的天赋

为什么有的人在自己追求的事业上，穷其毕生的精力却没有取得与付出相匹配的成就。比如有的人想成为知名作家，一生写了数百万字的作品却仍然默默无闻；有的人痴迷绘画到了废寝忘食的地步，但是其画作却始终没有大的突破；有的人潜心研究一门学问，直到寿终正寝却没有任何新发现，出现类似情况的人，除了教育背景和环境因素之外，那就是个人的悟性不够、天赋不足所致。

人的天赋是指与生俱来的天资，可以解释为一种固有的智力素质。这种素质影响人认识、理解客观事物并运用知识、经验等解决问题的能力，包括记忆能力、观察能力、想象能力、思考能力、判断能力、行动能力、领导力等。一个人之所以能成才，就是将自己的学业、职业都与天赋结合在一起。使其所花费的心血和力气都会有较大的成果性反馈，取得世人瞩目的成就。

每个孩子都是独一无二的，都有自身天赋所在的位置，父母

第十章
循循善诱，为孩子播种成功者的基因

在日常生活中要细心观察孩子的言行，及时发现他在哪方面比较有天赋，适合哪个专业的学习。这一点对孩子的成才来说是非常重要的一项家教内容，因为"先有伯乐后有千里马。"父母首先要成为发现孩子天赋的伯乐，挖掘孩子的潜力，使他在做选择时走上"直通车"一样的道路。

居里夫人是两次诺贝尔物理学奖的获得者，她的两个女儿伊琳娜和艾芙也在各自不同的领域取得了非凡的成就，这得益于她们的妈妈能及时发现女儿的兴趣爱好，因材施教。

居里夫人没有像一般的家长那样，因为自己在物理学研究方面取得世人瞩目的成就，就希望女儿追随自己继续进行科学研究，也不盲目地为女儿设定今后发展的方向，而是从小就对她们进行认真的观察和分析，实行探索性的培养。

居里夫人让姐妹两人每天放学后在家里玩一小时智力游戏，以便进一步发挥其自身的天赋。当两个女儿升入中学后，居里夫人把多位有名的教师请来，在课后分别给姐妹两人讲化学、数学、文学、历史、美术和外语。每星期四下午，居里夫人亲自在巴黎理化学校给女儿讲授物理学。经过两年的"特殊教育"后，这位细心的妈妈发现，大女儿伊琳娜性格文静、朴实、专注，对物理和化学两门课程比较痴迷，居里夫人就引导她从事放射性元素镭的研究，并激励她在自然科学领域大胆探索，不断进取。小女儿艾芙性格活欲、喜欢幻想、思维的跳跃性比较大，而且对自然科学不感兴趣，痴迷文学和音乐，待艾芙中学毕业后，居里夫

父母的
情绪影响孩子的一生

人就创造条件让她潜心研究音乐。

居里夫人的大女儿伊琳娜·居里与丈夫一起因"新放射性元素的合成"荣获 1935 年诺贝尔化学奖，而小女儿艾芙·居里则成为一位优秀的音乐教育家，在母亲去世三周年之际，出版《居里夫人传》一书，在全世界产生巨大影响。

居里夫人可以用超越普通人的特殊方式发现孩子的天赋，因材施教。作为普通父母虽然不能像居里夫人那样给孩子创造非常优越的条件来展现其天赋，但是完全可以用自己的方式发现孩子的独特之处。

孩子经常会向父母提出他们有疑问、弄不懂的问题，父母可从孩子提问时的关注点揣摩出其兴趣所在和表现出的与众不同资质。如果父母没有发现孩子对什么东西特别感兴趣，要多给他创造接触世间万物的机会。如果孩子每天都生活在自己的小天地中，不能和更多的事物接触，即使他有某种天赋父母也很难发现。因此，父母应该尽量找机会扩展孩子的视野，到社会上或者大自然中接触更多的新鲜事物。如果一个孩子从来没有上过网，家长无论如何也发现不了孩子原来在网络技术方面有极高的天赋。

父母本人要多参与孩子感兴趣的各种活动，一方面可以拉近与孩子之间的感情，另一方面在活动过程中更充分地了解孩子。比如与孩子一起参观展览，到图书馆看书，一起玩各种球类，参加社区文艺表演等，都可以从孩子关注的事情、集中精力思考时

第十章
循循善诱，为孩子播种成功者的基因

间方面发现他的天赋所在。

值得注意的是，发现孩子在哪方面有天赋还仅仅是着力培养的开始，接下来父母要为孩子创造条件，如置办设施、聘请教师等都要不遗余力。

如果父母发现孩子做事总是朝三暮四，只能保持"三分钟热度"。比如看到同学网球打得好也想试试，过几天看小伙伴学京剧也想跟着去报个班，后来又觉得当个演讲家不错，又去练口语表达——于是出现今天学这个、明天学那个、后天又迷上了其他的情况。这使得父母很难确定他的天赋究竟表现在哪个方面。遇到这种情况父母也不用着急。心理学研究发现，人的兴趣发展一般要经过三个阶段：有趣、乐趣、志趣。有趣，保持的时间短暂，乐趣保持的时间稍长，志趣，能持之以恒。如果孩子对某项爱好不仅能坚持下来，而且做得比别人出色，就说明在这个方面有天赋，父母一定要下大力气培养、扶持。如果父母已经发现孩子在某个方面有天赋，却因为父母的不喜欢就不给予支持，使孩子的天赋半途而废，不仅令人惋惜了，孩子也会埋怨父母的短视，父母本人也终会因做错了选择抱憾一辈子。

> 初期教育应是一种娱乐，这样才更容易发现一个人天生的爱好。
>
> ——柏拉图

父母的
情绪影响孩子的一生

积极的心理暗示，打开孩子的成功之门

美国心理学家罗森塔尔和他的同事在一所小学做了这样一项实验：大家一起对18个班的学生进行"未来发展趋势测验"，当各项测验结束后，他们给每个班级的教师发了一份学生名单，告诉各班的教师说，根据测验的结果，名单上列出了将来会有很大发展的学生名字，并解释说："请注意，我讲的是他们的发展，而非现在的情况。"鉴于罗森塔尔是学术权威，教师们从内心里接受、认可了这份名单。罗森塔尔在告别时又反复叮嘱教师，不要把名单外传，只准教师自己知道，声称不这样的话就会影响实验结果的可靠性。

几个月过后，罗森塔尔和同事又来到这所学校，并对18个班的学生进行了复试，奇迹出现了：他们提供的名单上的学生成绩都有了显著进步，其中包括原来表现一般和成绩较差的学生。他们变得性格开朗，求知欲望强，敢于发表意见，乐于与别人打交道。事实上，罗森塔尔提供给教师的名单是随意挑选的，他和同事根本不了解那些学生，也没有考虑学生的知识水平和智力水平，只是因为罗森塔尔是著名的心理学家，教师对他的话深信不疑。因此，他们认为名单上的学生的确很有发展潜力，因而寄予

第十章
循循善诱，为孩子播种成功者的基因

了他们更大的期望。虽然教师始终保守着这张名单的秘密，但在上课时，他们还是忍不住给予这些学生充分的关注，通过眼神、音调、提问等各种途径向他们传达"你很优秀"的信息。这些学生也感受到了这种期望，他们潜移默化地受到积极的影响，变得更加自信、自尊、自强，心态也随之变得更加阳光快乐，始终保持奋发向上的劲头，结果真的取得了很好的成绩。这就是积极的心理暗示所起的激励作用。

人们常说的心理暗示，是指用含蓄、间接的方式对别人的心理或行为产生影响。这种暗示作用往往会使对方不自觉地按照一定的方式行动，或者不加批判地接受一定的意见或信念。心理暗示分为积极的心理暗示和消极的心理暗示。父母注意给孩子做积极的心理暗示，孩子就会克服自卑心理变得积极上进。

乔丹的爸爸在家中的后院支起一个小篮球架，最初只是为了让顽皮的乔丹少出去闯祸。没想到，乔丹还真的喜欢玩篮球，他开始与爸爸和哥哥一起探讨球技，有时与小伙伴玩起来竟忘了吃饭。这时的乔丹个子不高，自觉在身材上没有太多优势。爸爸意识到儿子有点自卑，便鼓励他说："我和你妈妈准备在你的鞋子里施肥，好让你快些长高。"

乔丹在学校里输了球回到家时就垂头丧气，爸爸就不断地告诫他说："不管今后是否打篮球，只要想取得成功，就要有顽强的意志、坚定的信念以及不懈的努力。"乔丹的妈妈为鼓励他，就和颜悦色地哄他说："每天晚上只要在自己的鞋子里倒上一把

父母的
情绪影响孩子的一生

盐,并真心诚意地祈祷几句,就能如愿以偿。"少年乔丹当时还真信了,冲进厨房拿来了盐罐,大把大把地往鞋子里撒盐,当他虔诚地向上帝祈祷后,就立刻觉得自己全身充满力量。直到长大后他才明白,那是妈妈为了鼓励自己故意那么说的。但在当时,却给小乔丹无限的憧憬,并让他在不知不觉中增强了自信。

当长大了的乔丹成为"飞人"名满世界时,他感谢父母的悉心培养,他说:"我的家给了我成功的信念。我的乐观像父亲,我的自信则像母亲。对我来说,心中的英雄就是我的父母。他们让我受到很好的教育,指引我走向正确的人生道路。没有他们,不可能有我的今天。"

父母运用积极的心理暗示,可以帮助孩子摆脱不利的外在因素的影响,重建孩子的人生理想,并因树立坚定的自信心而更加积极向上。不管父母是否赏识自己的孩子,只要看到了孩子的潜质,懂得运用积极心理暗示的方法施以影响,孩子就可能朝着越来越好的方向发展;相反,如果给孩子消极的心理暗示,孩子的行为就会向越来越差的方向发展。

有一位妈妈,在儿子很小的时候,就把自己的钱包管得很紧。当孩子懂事以后,她像防小偷那样防着自己的儿子。在她的意识中一直有这样的错误认识,"小孩子只要有机会就一定会在钱上做手脚"。她把家里的钱一直放在很隐蔽的地方,不让儿子知道。儿子上学后想要钱买东西,她总是用怀疑的口气问:"那东西是需要那么多钱吗?你可要对妈妈说实话。"即使经妈妈同

第十章
循循善诱，为孩子播种成功者的基因

意儿子在自己的钱包里拿钱，她一定要说："过来，妈妈看你多拿钱没有？不许偷偷多拿呀。"正是这位妈妈不断地在儿子心里给出了"偷偷拿钱"的暗示，上初中以后，他就开始从家里偷偷拿钱。有一次和爸爸一起去 ATM 机取钱，爸爸输密码时他在一旁偷偷记下来了，找机会偷拿了爸爸放在家里的银行卡，一个月里分三次取了 2000 元，全部拿出去和同学下饭店和去网吧玩游戏了。男孩的爸爸妈妈实在想不明白，一直以来都小心翼翼地提防儿子偷着拿钱，怎么还是发生了这样的事呢？

关于心理暗示有这样一种技巧：假如一个有心脏病的人想给自己一个积极的心理暗示，一定要说："我身体很健康，心情非常好，生活幸福。"有了这种暗示，潜意识会调动身体机能，使身体向好的方向转变。一定不能说："我有心脏病，一直很痛苦，希望自己能很快好起来。"如果这样说了，潜意识就会接受"我有心脏病""很痛苦"这种消极的心理暗示，反而会使病情加重。上例中的妈妈无意中给儿子做了"偷偷拿钱"的心理暗示，该暗示进入他的潜意识后就变成了一种欲望，最后演变为行动。

扎根在孩子心中的思想，决定了他将来变成一个什么样的人。积极的心理暗示进入潜意入变成带有情感的思想，会构成类似磁性的力量，引出其他类似或与之相关的思想。有人将富有正能量的"磁化的思想"比喻成被植入肥沃土壤的种子，从萌芽到结果，再到派生出无数颗同类的种子，最后汇成内心主控一切动机的力量，可以促使人一步步地走向成功。

当父母学会用积极的心理暗示把一种思想植入孩子的潜意识,孩子将"磁化的思想"变成心中主控一切行为动机,就会自觉地向着心中的目标努力拼搏。

> 对于教育小孩子,做父母的最好用积极的心理暗示,不要用消极的命令。
>
> ——陈鹤琴

一切皆有可能,培养孩子做个雄心勃勃的人

英国首相丘吉尔曾说:"勇气是人类最重要的一种特质,倘若有了勇气,人类其他的特质自然也就具备了。"勇气是雄心的底气,一个想成就大业的人一定是个有雄心壮志的人。但是勇气不是天生就有的,也需要后天来培养,孩子的雄心大志也是一点点塑造出来的。

针对如何培养孩子去挑战不可能这个问题,父母要进行认真的思考和研究。然而,许多父母因为本身就胆小怕事,在教育孩子的时候,也害怕在尝试的过程中有可能遇到困难和危险,不敢让孩子去冒风险。父母的这种畏首畏尾的心理自然而然地会传达给孩子,孩子也会认为没有尝试过的东西是可怕的,因此避之唯

第十章
循循善诱，为孩子播种成功者的基因

恐不及。如果父母仅仅因为孩子大胆的想法去百般责备，那就更阻止了他们去尝试新事物、挑战不可能，慢慢地孩子就会养成胆小如鼠的性格，很难在关键时刻做出正确的抉择。

一个孩子即使学习很努力，但是没有雄心壮志，没有勇气去挑战不可能，不仅谈不上具有承担大业的气魄，就连适应未来社会激烈的竞争都成问题。一个人自己置身于社会这所学校的大门外，又怎么能立在潮头之上独领风骚呢。

父母要培养孩子的勇气和胆量，消除他们的胆怯心理，首先要不让孩子说懦夫经常挂在嘴边的话，如"我不能做""我害怕失败""我怕别人笑话"等自我否定的词语。常说这些词语的孩子害怕失败的打击，遇事就会知难而退。

由于父母的百般呵护，多数孩子都是胆小怕事的，听到稍微大点儿的声音就会被吓哭，害怕与陌生人接触，对新环境充满恐惧。有些孩子即便是已经上学了，还不敢独自睡觉，害怕小猫小狗，甚至害怕自己的影子。孩子有了胆怯、恐惧的心理，许多事情还没有开始做，就被吓怕了，先把自己打败了，这就更需要父母注重良好心理素质的培养。

在孩子成长的过程中，父母应该掌握好培养孩子有勇气、有胆识的训练方法，除了教育孩子时多讲能给他带来正能量的话，还要进行合理的疏导，让孩子适应新的场合、新的环境。在孩子不敢尝试新事物时，父母要给他做示范，如，孩子不敢荡秋千，妈妈可以先坐上秋千自己荡，讲一些荡秋千的要领，然后再把孩

子放上去，由慢到快地加速，当孩子感觉到这是一项十分有趣的活动时，他就不害怕了。

如果孩子在小伙伴受欺负或遇到意外时，能挺身而出保护小伙伴，父母可以夸奖孩子说"你真是一个善良又勇敢的好孩子""你很机敏，有主见"，在鼓励孩子的同时，教育他学会用勇气来维护正义。有的孩子天生就不敢在大庭广众的场合讲话，父母就要让他多参加集体活动，如诗朗诵、演讲赛、文艺表演等。孩子有勇气、有胆识的第一表现就是敢说话，许多成功人士他们从小就是孩子王、学校干部，领导基因早早地被置入身心，胆量和气魄得到不断的锻炼和锤打，英雄气概就被塑造成型，自然有了成就大业的潜能和气质。

> 勇气是所有其他美德往上爬的梯子。
>
> ——卢斯

教孩子妥善处理人际关系，具备成功者的基本素质

如果有人对"人际关系"这四个字感到特别复杂难解，只要认真领会马克思对人的本质做出的论断，"人的本质不是单个人所固有的抽象物，在其现实性上，它是一切社会关系的总和。"

第十章
循循善诱，为孩子播种成功者的基因

相信这句话就能从根本上破解决"人际关系"的困惑。"人是社会关系的总和"就说明每个人是与社会共存的，是与和你有直接关系的人处于一体的。任何人不能回避"人际关系"，只能遵从"人际关系"的规律行事。因此，培养孩子处理"人际关系"的能力，也是家庭教育的重要任务之一。

美国心理学家莱金·菲利普斯说："许多人不能与他人正常交往、和谐相处的原因，是因为他们在儿童时期没有学会基本的社会交往技能。"由此可见，父母要让孩子从小就养成正确处理人际关系的意识，不断增长与他人和谐共存的能力。针对这一点，就是美国总统都十分重视，作为社会各阶层中的父母何有忽视之理？

杜鲁门总统曾经给自己的女儿写过这样一封信。

我亲爱的女儿：

你寄给我的信已经收到。这封信你写得非常好。

得知你正在刻苦提高音乐水平，我非常高兴。只要你真正热爱这门艺术，全身心地投入，任何力量都无法阻止你实现自己的愿望。你要记住：只要勇敢地想、勇敢地做，任何困难都会向你低头的。这里我唯一想说的就是，不要有急躁情绪，单靠压制是无法消除这种情绪的，就这点而言，没有人比我更清楚了。急躁情绪对你改善人际关系没有任何帮助和益处，只能让你成为孤家寡人而无人相助。一个人如果想事业成功，除了有一颗勇敢顽强的心，还必须依靠朋友的鼎力支持。不仅从事音乐事业是这样，

父母的
情绪影响孩子的一生

从政和经商也是如此。

爱你的爸爸

  通常我们会认为欧美国家的人不像中国人那样重视"人际关系",其实不是这样,他们与我们一样看重"人际关系"的重要性,只是他们的规则与我们略有不同,他们把在人际关系中引入了"信用体制",比如一个学生本科毕业后要想考某所名牌大学的研究生,如果有著名教授推荐就很容易被录取,因为教授严谨的学风和学术成就已经有了很好的"信用",他的推荐就有了"信用"价值。这种"信用体制"同样是人际关系的体现。

  杜鲁门总统不仅自身注重人际关系,还特别重视引导孩子处理好人际关系。他写给女儿的这封信足以说明,培养孩子与人相处的能力就是父母义不容辞的责任和义务。

  孩子在与同伴交往的过程中,经常出现的问题有两个,一是有的孩子不善于和同伴交往,二是有的孩子不知道如何处理自己和伙伴之间的矛盾。这需要父母在生活中认真观察,及时发现孩子的交往障碍到底出在哪里,根据孩子的特点给以指导和帮助。

  不善于与同伴交往的孩子,最主要的原因是不能主动开口说话,父母要有意识地引导孩子遇见老师、同学、叔叔、阿姨时主动说出问候语。当有人过来打招呼时,父母要为孩子引出话题,如果邻居问:"小光,今天和爸爸去哪儿里呀?"爸爸可以回答:"我们去公园,是吧?小光。"小光当然会顺势而答:"是的,我和爸爸一起去公园。"这样可以自然地帮助孩子进入谈话的角色。要

第十章
循循善诱，为孩子播种成功者的基因

告诉孩子对于幼儿园或者老师提出的问题要积极回答，如果感到紧张要主主动为自己鼓气，尤其要敢于在人多的场合当众讲话。

有的孩子虽然很乐意加入集体活动，却不善于结交朋友，他们或许是因为性格内向，或许是因为不懂得交往的技巧，不管是出于什么原因，父母都要帮助孩子主动地帮助小伙伴，肯于为别人付出，这样就会交到朋友了。

家庭是孩子学习交往的一个重要场所，父母为人处事的方式会给孩子带来潜移默化的影响。一般父母是善于人际交往的人，孩子也会有很多朋友。

女孩明明家在住户不太密集的郊外。有一天，邻居家一直空着的房子里搬来了新的住户，他们家有一对活泼可爱的双胞胎男孩，明明的妈妈对她说："宝贝，你要有新朋友了。你为什么不出去向他们打个招呼，带他们到附近转转，帮他们熟悉一下周围环境呢？"明明眨着眼睛想了想，认为妈妈说得有道理，就高兴地跑出去了。但她站在自己家院子里看着那两个男孩在玩皮球，张了几次嘴却没有说出话来。看了一会儿她就跑回来了，怯怯地对妈妈说："我很想过去找他们，但我不知道该怎样跟他们说话。"妈妈立刻意识到，自己要为孩子的交往提供一些必要的帮助。于是，妈妈把明明的皮球找出来交给她说："有了这个球，你就知道怎么和他们说话了。"明明抱着自己的皮球跑到邻居的院子里，对两个男孩子说："我们一起玩，好吗？"那两个男孩子几乎同时说："好呀。"很快他们就玩到了一起。

父母即要引导孩子交朋友,还要经常赞扬孩子的交往能力。如果孩子已经交上了朋友,要及时给予肯定,比如对孩子说:"你又交到新朋友了,你们应该互相关心,互相帮助。"或者说:"听说你交的朋友很出色,休息日带到家里来玩呀。"通过这样的鼓励,能够激励孩子更加注意与小伙伴们的交往方式,促使孩子学会交流与沟通并快速融入集体中去,得到更大的提升和锻炼。

美国著名心理学家戴尔·卡耐基说:"一个人的成功15%是靠专业知识,85%则是靠人际关系。"人们在社会生活中对身上充满正能量的趋之若鹜,对带有负能量的人避之唯恐不及。因此,培养孩子处理人际关系的能力,是为他长大后取得事业的成功修炼最基本的素质。

> 建立人脉关系就是一个挖井的过程,付出的是一点点汗水,得到的是源源不断的财富。
>
> ——哈维·麦凯

克服恐惧,培养孩子做个有胆有识的强者

人的恐惧心理是在真实或想象的危险情境中,受到的一种强烈而压抑的情感状态。恐惧心理的产生与过去的心理感受和亲身

第十章
循循善诱,为孩子播种成功者的基因

体验有直接关系。

很多孩子都有恐惧心理,不敢一个人睡觉,不敢到光线昏暗的房间里去拿东西,见到陌生人就藏到大人背后。孩子的恐惧心理来自于父母的教育不当和自身胆小怕事行为的影响。

有的父母为了让孩子听话,想尽各种办法吓唬孩子。比如孩子哭个不停,妈妈会说:"你再哭,把你关在黑屋子里不让你出来。"孩子不听话时会说:"你再不听话,晚上就有大灰狼张开血盆大口来咬你。"还有的父母用"让警察把你抓去""让医生给你扎针"之类的话吓唬孩子。这样的话说得次数多了,孩子就会怕黑、怕动物、怕警察、怕医生、怕陌生人,甚至怕地上的蚂蚁,胆子越来越小。

孩子的恐惧心理受妈妈的影响最大。由于孩子小的时候经常和妈妈在一起,如果妈妈胆子小,带孩子出门时路边突然窜出一只猫,妈妈就大惊小怪,孩子见此情景,就会误以为猫是非常可怕的。所以,即使妈妈真的害怕猫,在孩子面前也要忍住,或者找个借口避开,否则,孩子会对猫这种很可爱的小动物也会害怕,在心里留下阴影就更加胆小了。

中国人历来有讲鬼故事的习惯,几乎每个孩子在听到父母或祖辈讲了鬼故事以后都不敢晚上出门。在大人看来,给孩子讲个恐怖的鬼故事会觉得很刺激,尤其看到孩子听得既入迷又惊恐的时候,心理上的快感溢于言表,殊不知这会给孩子带来了很大的心理阴影。由于孩子非常信任大人,即便是玄幻故事也会信以为

父母的
情绪影响孩子的一生

真,因此无论是父母或祖辈都不要把孩子的思维往歪路、邪路上引。

心理学家认为,恐惧是人企图摆脱、逃避某种情境而又苦于无能为力时产生的情绪,如果一个人学会了摆脱或逃避这种困境的方法,恐惧自然而然就会消失。

无论孩子因哪一种情况导致恐惧心理较重,都可归结到是由于对事物的错误认识所引起。父母要想让孩子克服恐惧心理,要帮助孩子获得应付他所害怕的对象或情境的方法,如孩子害怕雷电是因为不知道雷电是怎么回事,父母可以向孩子解释一些简单的科学道理,还可以和他一起计算由看到闪电到听到雷声的时间差,这样不但可以减轻孩子对雷电的恐惧,而且还可以培养孩子了解雷电这一自然现象的兴趣。如果孩子特别害怕狗,父母教会用棍子、石块驱狗或打狗的办法,他就不会害怕社区里喜欢狂叫的狗了。如果孩子害怕一个人在房间不开灯睡觉,可以教会他使用床头的夜灯开关,这样他掌握了控制黑暗和明亮的方法后,他就不会害怕了。

古罗马哲学家西塞罗说:"在恐惧的重压下,任何强大的力量都是不能持久的。"父母要通过言传身教让孩子知道世上没有什么可怕的东西,使自己变成内心力量十分强大的人,做个遇事不慌、敢作敢为、敢于挑战不可能的强者。

"二战"时期著名的美国将军道格拉斯·麦克阿瑟,并非生下来就是个勇敢的人。有一天,爸爸说要带着他出去打猎,他拿

第十章
循循善诱，为孩子播种成功者的基因

起一把剑就跟在爸爸的身后出门了。两人没走多远，突然从树林里窜出了一只豹子，小麦克阿瑟顿时吓得面如土色，扔下手里的剑紧紧抱住爸爸的大腿。爸爸举起手中的枪，向天空鸣枪吓跑了豹子。爸爸推开儿子生气地说："记住，你是军人的儿子，要勇敢坚强，做一个真正的男子汉！"说完捡起了地上的剑还给了儿子。

这次的经历对小麦克阿瑟影响很大，他一直牢牢记住爸爸对他说的话。遇着令他恐慌的事也沉着冷静地应对，从未表现出弱者的怯懦。有一次，妈妈让麦克阿瑟到山上去砍树，不小心被砍刀划破了小腿，他忍住疼痛把一棵大树拖回家，没有告诉妈妈自己的伤痛。过了几天腿上的伤口感染了，妈妈发现后给他清理伤口，他竟然没喊一声疼。爸爸见儿子这么有骨气十分高兴，觉得自己的儿子像个男子汉了。麦克阿瑟的爸爸是个勇敢坚强的人，他希望儿子也具有自己这样的强势男人的性格。麦克阿瑟不负所望，他长大后，果然成了一位英勇威武的大将军。

世界上没有一点恐惧心是不可能的，但是只有那些能克服恐惧心的人才具有强者心态，也只有具有强者心态的人，才有挑战最高目标的雄心壮志。具有强者心态的运动员，会把世界冠军当成自己努力的目标；具有强者心态的企业家，会把创世界名牌当成管理企业的目标；具有强者心态的政治精英，会为国家制定争做世界一流的发展目标。世界属于强者，不甘平庸的人都必须是个强者。

> 只要下定决心克服恐惧，便几乎能克服任何恐惧。因为，请记住，除了在脑海中，恐惧无处藏身。
>
> ——戴尔·卡耐基

用理性的智慧确认孩子的发展方向

如今，许多父母在孩子受教育方面希望做得更民主一点，在做专业选择时喜欢把决定权交给孩子。这种做法非常好，可以培养孩子的思维能力、判断能力以及做决策的能力，但是，将一些较大的问题让孩子自己做决定，会因为阅历有限，或者受社会思潮的影响，并没有选择最适合自己的方向。比如有的孩子没有考虑成熟就随便选择了大学所读的专业，读了一段时间觉得自己实在不喜欢就想办法改换专业，如果能换成还好，扭转了大学学习的错误方向，但是有的人因校方有各种规定换不了专业，就只好硬着头皮读下去，大学毕业后根本不从事自己所学的专业，造成了时间和精力的浪费。事实证明，在孩子面临人生转折时，一个不明智的决定会耽误一生的发展。

父母毕竟比孩子阅历广、经验多，在做人生抉择时，自然也会比孩子站得高、看得远，所以父母从为孩子未来负责的角度出

第十章
循循善诱,为孩子播种成功者的基因

发,应该在人生面临选择的关键时刻为孩子把关定向。

意大利科学家伽利略小时候是个活泼好动的孩子,他从小所获得的知识都是由父亲文森佐和几位家庭教师传授的。由于当时的欧洲崇尚神学,很多学校都附设在修道院里,伽利略8岁时也被父亲送到修道院的学校上去学习。

伽利略在学校读书时受宗教的影响很大,决定长大后当一名修道士,这在当时的欧洲是很时髦的职业。父亲知道伽利略的这个决定时很替儿子着急,因为他了解儿子的性格和爱好,他活泼好动、思维敏捷、想象力丰富、好奇心强,肯定是因一时感情冲动才选择做修道士的,以他的个性根本不可能长时间忍受修道院里乏味、枯燥的生活。因此,文森佐决定劝儿子改变主意。

伽利略像所有朝气蓬勃的年轻人一样,认为自己的决定是正确的,对父亲的劝导置之不理。为了使儿子改变主意,文森佐找了一个借口,对学校说伽利略眼睛长期以来一直有问题,因读书刻苦现在经常疼痛难忍,需要尽快治疗。学校同意他把伽利略带回家治疗眼疾。面对固执己见的儿子,文森佐耐心地进行说服开导,终于使伽利略重新做出选择,决定到比萨大学读书。在大学期间,聪明好学的伽利略很快就完成了平面几何、立体几何等学科的学习,并且深入研究阿基米德关于杠杆、浮体比重等理论,从而走上了科学研究的道路。

伽利略的父亲之所以让他另做选择,是基于对儿子兴趣爱好的了解,而不是盲目地为他设定前程。事实证明,父亲以成年人

> 父母的
> 情绪影响孩子的一生

的智慧为儿子的专业学习拨正了航向,使伽利略在科学研究的道路上取得了巨大成就,成为了举世瞩目的科学家。

父母也不是一方神圣,有时也会因为情绪的原因为孩子做了错误的决定。有的父母尽管受过良好的教育,对孩子的成长规律也非常清楚,但是当出现突发事件时,也会失去理智为孩子做了错误选择,让孩子承受精神上的打击,这时的父母一定要回归理性,从孩子的前途着眼,马上纠正自己的错误,避免出现一失足成千古恨的后果。

西班牙有一个叫拉蒙的小男孩,他特别调皮,13岁时用所学的知识造了一门简易的大炮,在与小伙伴一起试射时把邻居家的孩子炸伤了。这可是闯下大祸了,不仅家长被罚款,他本人也被警察局拘留。身为大学教授的爸爸觉得脸上无光,他决定要狠狠惩罚这个无法无天的儿子。当拉蒙拘留期满,爸爸从警察局把他领回家后,爸爸决定让他停止学业,去修鞋铺子去学补鞋。当事情过去了几个月以后,爸爸作为一名高级知识分子进行了理性的思考,觉得对儿子的处罚过于严厉,几乎是不近情理。孩子闯了祸是应该管教,但不能剥夺他受教育的权利。于是拉蒙的爸爸到补鞋铺接回了他,他抚着儿子的肩膀深情地说:"爸爸做错了。我不该因为你闯了一次祸就中断你的学业。从现在起,你要心无旁骛地专心学习。"从此,拉蒙潜心学习骨骼学和神经学,他21岁从医学院毕业,25岁获医学博士学位。1906年因在神经学方面的贡献获得诺贝尔生理学或医学奖。当时报纸这样称赞他:拉蒙·

第十章
循循善诱，为孩子播种成功者的基因

卡哈尔是西班牙上空一颗璀璨的巨星。

父母帮助孩子做决定要守住一条底线，那就是让所做的决定一定是符合孩子的性格特点和兴趣爱好的。如果孩子对自己十分了解，并有能力为自己做决定，当然可以由孩子自己做选择；如果孩子对自身性格特点、兴趣爱好并不十分清楚时，家长一定要给孩子提出正确的参考意见，让他明白自己的长处和短处，知道自己能做好什么、不能做好什么，弄清楚这些问题以后，决定是谁做出的并不重要，只要是正确的有利于孩子发展的决定，就会在今后的许多事情上没有后顾之忧。正确的决定有一劳永逸的后果，父母与孩子进行理性的磋商和比对是非常有必要的。

> 命运不是机遇，而是选择。
>
> ——J. E. 丁格